"十二五"职业教育国家规划教材

经全国职业教育教材审定委员会审定

证券法案例教程

主　编　郑春贤

副主编　徐绍文

教育科学出版社

·北京·

出版人　所广一
责任编辑　胡　嫄
责任校对　贾静芳
责任印制　曲凤玲

图书在版编目（CIP）数据

证券法案例教程 / 郑春贤主编．— 北京：教育科学出版社，2015.1
“十二五”职业教育国家规划教材
ISBN 978－7－5041－8536－5

Ⅰ．①证…　Ⅱ．①郑…　Ⅲ．①证券法—中国—高等职业教育—教材　Ⅳ．①D922.287

中国版本图书馆 CIP 数据核字（2014）第 253268 号

“十二五”职业教育国家规划教材
证券法案例教程
ZHENGQUANFA ANLI JIAOCHENG

出版发行	教育科学出版社		
社　　址	北京·朝阳区安慧北里安园甲 9 号	市场部电话	010－64989009
邮　　编	100101	编辑部电话	010－64989443
传　　真	010－64891796	网　　址	http：//www.esph.com.cn
经　　销	各地新华书店		
印　　刷	三河市岳阳印务有限公司		
开　　本	185毫米×260毫米　16开	版　　次	2015年1月第1版
印　　张	9.5	印　　次	2015年1月第1次印刷
字　　数	213千	定　　价	22.00元

如有印装质量问题，请到所购图书销售部门联系调换。

前言

中国的证券市场是适应改革开放和社会主义市场经济发展的需要而形成和发展起来的。市场经济本质上是法治经济。《中华人民共和国证券法》是发展社会主义市场经济不可或缺的一部重要法律，因此结合案例分析、介绍证券法的相关知识也就成为高等院校法律、经济、管理类专业学生必修的内容。

高等职业教育是我国高等教育的重要组成部分，担负着培养数以万计应用型人才的重要任务。各高等院校今天的莘莘学子，明天将成为市场经济活动的主要力量。高职高专学生掌握必要的证券法知识是适应社会主义市场经济建设的前提。

本书根据高职高专的教学特点和证券法工作实务的客观需求，重点突出证券法的应用性和实践性。纳入教材内容的相关知识均是市场经济活动中最基本、最具普遍实用性的法律、法规。总体来说，本教材具有以下特色。

（1）精选内容，主线分明。本教材从对高职经济管理类专业毕业生主要工作岗位及其能力要求的调研结果出发，清晰界定企业工作过程中的典型工作任务和关键能力及其与证券法课程教学的关系，基于典型工作任务导向，以证券从业工作过程为主线，讲解与证券从业工作有关的法律制度，对接企业需求，服务企业经营管理实践。

（2）内容新颖，体例创新。本书依据国家最新颁布和实施的有关法律和法规进行编写，同时吸取了国内相关法学研究的最新成果。在编写体例上，注重理论联系实际，采用明确目标、案例导入、阐述原理与规则、强化练习的模式，从实际案例中提炼出具体的问题，依此阐述相关的法律原理，解释具体的法律规则。之后，布置多种形式的课后作业，有针对性地实施“提出问题—学习知识—实际训练”的应用型教学模式，注重培养学生在实践中发现问题、解决问题的能力。

（3）以案说法，通俗易懂。通过案例教学，强化职业培训、实战演练，形成“讲练结合”的模式，突出针对性、实用性和可操作性。每项目、每任务开篇均以案例导入，其中穿插案例讨论。在编写过程中，尽量采用“贴近生活，原汁原味”的案例，从而激发学生的学习兴趣，充分发挥案例教学的作用。

（4）增加实践教学环节，注重能力培养。每章最后均附有案例讨论或实训练习，既可让学生掌握实践问题，又可以帮助学生全面理解和运用所学的法律知识，进而提高学生分析问题、解决问题的能力。

囿于编者水平，书中不足之处在所难免，敬请读者批评指正。

编　者

Contents

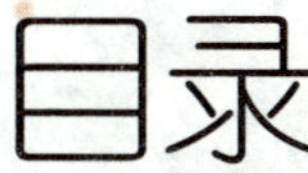

项目一

证券市场主体法律实务

学习目标

△掌握证券发行人、证券交易所、证券公司、证券登记结算机构、证券服务机构等证券市场主体的概念、特征和组织形式

△掌握股份有限公司、证券交易所、证券登记结算机构的设立条件及程序

△掌握证券交易所的监管职能、证券登记结算机构的法定义务

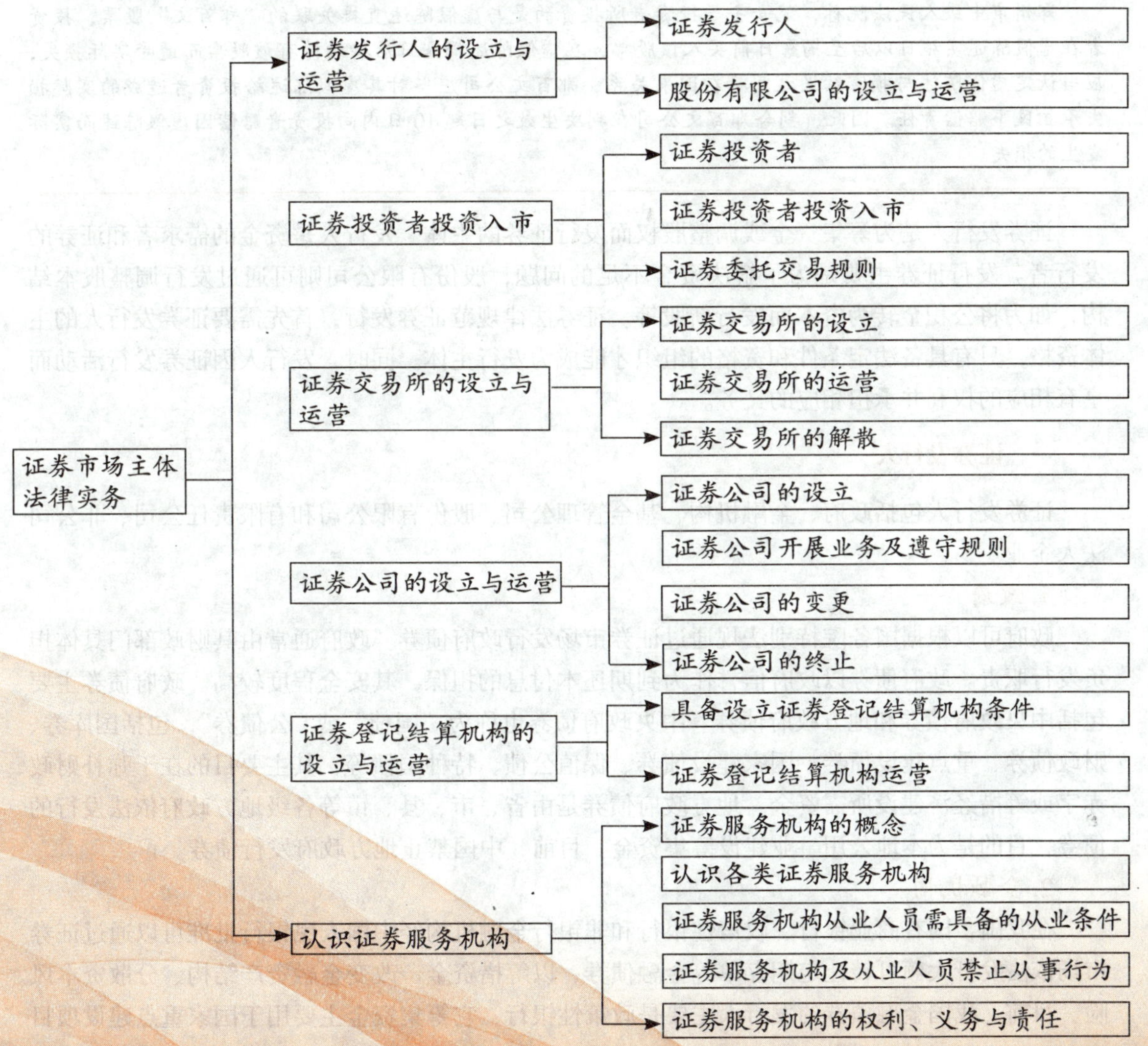

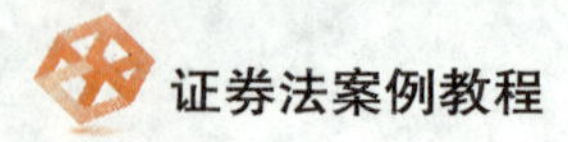

任务一　证券发行人的设立与运营

经典实例 

2001年9月27日，中国证监会依法做出行政处罚决定，其中认定“郑百文公司”上市前采取虚提返利、少计费用、费用跨期入账等手段，虚增利润1908万元，并据此制作了虚假上市申报材料；上市后的三年中采取虚提返利、费用挂账、无依据冲减成本及费用、费用跨期入账等手段，累计虚增利润14390万元。同时存在股本金不实、上市公告书有重大遗漏、年报信息披露有虚假记载、误导性陈述或重大遗漏等问题。另外，还发现某注册会计师违反有关法律法规，为“郑百文公司”出具了严重失实的审计报告。

该行政处罚做出后，范女士等三位投资者提起诉讼要求法院判令郑百文（即郑百文公司）向原告支付因虚假陈述引起的侵权赔偿款项，并承担案件诉讼费。

2004年11月，郑州市中级人民法院开庭审理此案，庭审中，郑百文公司提出中国证监会的处罚决定针对的是公司重组前原郑百文公司的违法行为，重组后的公司不应承担重组前公司的责任。最终，该理由没有被法院接受。2005年12月，郑州市中级人民法院做出判决，判令郑百文公司对其虚假陈述给投资者造成的实际损失进行全额赔偿。

郑州市中级人民法院称，范女士等投资者所投资的是与虚假陈述直接关联的“郑百文”股票，投资者在虚假陈述实施日以后至揭露日前买入该股票，在虚假陈述揭露日后持续持有该股票而遭受实际损失，应当认定虚假陈述与损害结果之间存在因果关系，郑百文公司应当对其虚假陈述给投资者造成的实际损失承担民事赔偿责任。因此，判令郑百文公司在判决生效之日起10日内向投资者赔偿因虚假陈述而实际发生的损失。

证券发行人是为筹集资金或调整股权而发行证券的主体。发行人是资金的需求者和证券的发行者。发行证券主要是为了解决资金不足的问题，股份有限公司则可通过发行调整股本结构，如为将公积金转为资本而发行新股等。证券法律规范证券发行，首先需要证券发行人的主体资格，只有具备法定条件和资格的组织才能成为发行主体。同时，发行人因证券发行活动而享有相应的权利并承担相应的义务。

一、证券发行人

证券发行人包括政府、金融机构、基金管理公司、股份有限公司和有限责任公司、非公司法人企业。

1. 政府

政府可以根据国务院特别法规通过证券市场发行政府债券。政府通常由其财政部门具体担负发行职责。政府债券以政府信誉作为到期还本付息的担保，其安全程度较高。政府债券主要包括中央政府债券和地方政府债券。中央政府债券也称为“国债”或“公债券”，包括国库券、财政债券、重点建设债券、国家建设债券、保值公债、特种国债等，其主要目的在于弥补财政赤字或筹措经济建设所需资金。地方政府债券是由省、市、县、镇等各级地方政府依法发行的债券，目的是为本地公用事业建设筹集资金。目前，中国禁止地方政府发行债券。

2. 金融机构

在我国，国有商业银行、政策性银行和非银行金融机构经中国人民银行批准可以通过证券市场依法发行大额可转让定期存单等金融债券，以筹措资金、改变金融资产结构、分散资本风险。目前，我国金融债券的发行人主要是政策性银行，它筹集资金主要用于国家重点建设项目和进出口贷款。《中华人民共和国证券法》(以下简称《证券法》)并不调整金融债券，金融债券的发行和交易主要通过特别法规来调整。除了金融债券，具有股份有限公司资格的金融机构可以依法发行和上市股票，符合法定条件的其他金融机构可以依法发行公司债券和可转换公司债券。

3. 基金管理公司

公司型基金中的基金管理公司可以发行基金份额。公司型基金是按照《中华人民共和国公司法》(以下简称《公司法》)组建的投资基金，投资者购买公司股份而成为股东，由股东大会选出董事、监事，再由董事、监事投票委任某一投资管理公司来管理公司的资产。

4. 股份有限公司和有限责任公司

股份有限公司可以发行股票、公司债券和可转换公司债券。重点国有有限责任公司可以发行可转换公司债券，其他有限责任公司可以发行一般公司债券。

5. 非公司法人企业

具有非公司法人资格的企业为了筹集生产经营所需资金，可以根据《企业债券管理条例》规定的条件和程序申请发行企业债券，例如，重点企业债券、地方企业债券、企业短期融资债券、企业内部债券、住宅建设债券及地方投资公司债券。在国外，股份有限公司以外的企业不得发行债券，故不存在企业债券的概念。

在以上五类证券发行人中，股份有限公司是最重要的，并且只有股份有限公司可以发行股票。

二、股份有限公司的设立与运营

股份有限公司是指公司资本为股份所组成的公司，股东是以其认购的股份为限对公司承担责任的企业法人。公司的资本总额平分为金额相等的股份；公司可以向社会公开发行股票筹资，股票可以依法转让；法律对公司股东人数只有最低限度，无最高额规定；股东以其所认购股份对公司承担有限责任，公司以其全部资产对公司债务承担责任；每一股代表一个表决权，股东以其所认购持有的股份，享受权利，承担义务。

(一) 新设股份有限公司

某年4月，某市经济协作发展公司与长征汽车集团公司(私营)等三家公司订立了以募集方式设立某汽车配件股份有限公司的发起人协议，公司注册资本5000万元，募集设立。

同年5月6日，省有关部门批准同意组建该公司。三家发起人公司按协议制定章程，认购部分股份，起草招股说明书，签订股票承销协议、代收股款协议，经国务院证券监督管理机构批准，向社会公开募股。由于该汽车配件公司发展前景光明，所以股份募集顺利，发行股份股款缴足后，经约定的验资机构验资证明。发起人认为已完成任务，迟迟不召开创立大会。经股民强烈要求后才召开创立大会，发起人为图省事，只通知了代表股份总数1/3以上的认股人出席，会议决定了一些法定事项。

【问题】

1. 汽车配件公司的募集设立存在什么问题？
2. 本案中召开创立大会的程序存在什么样的问题？

1. 具备股份有限公司设立条件

(1) 发起人符合法定资格，达到法定人数。

发起人的法定资格是指发起人依法取得的设立股份有限公司的资格。股份有限公司的发起人可以是自然人，也可以是法人，但发起人中须有过半数的人在中国境内有住所。

设立股份有限公司时，必须达到法定的人数，应有二人以上二百人以下的发起人。国有企业改建为股份有限公司的，发起人可以少于五人，但应当采取募集设立方式。规定发起人的最低限额，是设立股份有限公司的国际惯例。如果发起人的最低限额没有规定会导致两方面后果，一是发起人太少难以履行发起人的义务，二是无法防止少数发起人损害其他股东的合法权益。对发起人的最高限额则没有规定。

（2）发起人认缴和向社会公开募集的股本达到法定的最低限额。

股份有限公司须具备基本的责任能力，为保护债权人的利益，设立股份有限公司必须要达到法定资本额。我国股份有限公司的资本最低限额是五百万元人民币。对有特定要求的股份有限公司的注册资本最低限额需要高于上述最低限额的，由法律、行政法规另行规定。

发起人可以用货币出资，也可以用实物、工业产权、非专利技术、土地使用权作价出资。发起人以货币出资时，应当缴付现金。发起人以货币以外的其他财产权出资时，必须进行评估作价，核实财产，并折合为股份，且应当依法办理其财产权的转移手续，将该财产权由发起人处转归公司所有。

（3）股份发行、筹办事项符合法律规定。

股份的发行是指股份有限公司在设立时为了筹集公司资本，出售和募集股份的法律行为。这里讲的股份的发行是设立发行，是在设立公司的过程中，为了组建股份有限公司，筹集组建公司所需资本而发行股份的行为。设立阶段的发行分为发起设立发行和募集设立发行两种。发起设立发行即所有股份均由发起人认购，不得向社会公开招募。募集设立发行即发起人只认购股份的一部分，其余部分向社会公开募集。

股份有限公司的资本划分为股份，每一股的金额相等。公司的股份采取股票的形式。股份的发行实行公开、公平、公正的原则，且必须同股同权、同股同利。同次发行的股份、每股的发行条件、发行价格应当相同。

以发起方式设立股份有限公司的，发起人以书面认定公司章程规定及发行的股份后，立即缴纳全部股款。

以募集方式设立股份有限公司的，发起人认购的股份不得少于公司股份总数的百分之三十五，其余股份应当向社会公开募集。发起人向社会公开募集股份时，必须依法经国务院证券管理部门批准，并公告招股说明书，制作认股书，由依法批准设立的证券经营机构承销，签订承销协议，同银行签订代收股款协议，由银行代收和保存股款，向认股人出具收款单据。

招股说明书应载明下列事项：①发起人认购的股份数；②每股的票面金额和发行价格；③无记名股票的发行总数；④认股人的权利、义务；⑤本次募股的起止期限及逾期募足时认股人可以撤回所认购股份的说明。

（4）发起人制定公司章程，并经创立大会通过。

股份有限公司的章程，是股份有限公司重要的文件，其中规定了公司最重要的事项，它不仅是设立公司的基础，也是公司及其股东的行为准则。因此，公司章程虽然由发起人制定，但以募集设立方式设立股份有限公司的，必须召开由认股人组成的创立大会，并经创立大会决议通过。

（5）有公司名称，建立符合公司要求的组织机构。

名称是股份有限公司作为法人必须具备的条件。公司名称必须符合企业名称登记管理的有关规定，股份有限公司的名称还应标明“股份有限公司”字样。

股份有限公司必须有一定的组织机构，对公司实行内部管理和对外代表公司。股份有限公司的组织机构是股东大会、董事会、监事会和经理。股东大会做出决议；董事会是执行公司股东大会决议的执行机构；监事会是公司的监督机构，依法对董事、经理和公司的活动实行监督；经理由董事会聘任，主持公司的日常生产经营管理工作，组织实施董事会决议。

（6）有固定的生产经营场所和必要的生产经营条件。

2.注册成立股份有限公司

（1）申请名称预先核准登记。

全体股东（发起人）指定代表或共同委托的代理人向工商局提交申请名称预先核准，需提交全体股东（发起人）签署的公司名称预先核准申请书、全体股东指定代表人或共同委托代理人证明、工商局规定的其他材料。

（2）办理工商登记。

由董事会向工商局提交以下材料申请设立登记。

①公司法定代表人签署的《公司设立登记申请书》。

②董事会签署的《指定代表或者共同委托代理人的证明》（由全体董事签字）及指定代表或委托代理人的身份证件复印件；应标明指定代表或者共同委托代理人的办理事项、权限、授权期限。

③由发起人签署或由会议主持人和出席会议的董事签字的股东大会或者创立大会会议记录（募集设立的提交）。

④全体发起人签署或者全体董事签字的公司章程。

⑤发起人的主体资格证明或者自然人身份证件复印件。

发起人为企业的，提交营业执照副本复印件；发起人为事业法人的，提交事业法人登记证书复印件；发起人股东为社团法人的，提交社团法人登记证复印件；发起人为民办非企业单位的，提交民办非企业单位证书复印件；发起人为自然人的，提交身份证件复印件；其他发起人提交有关法律法规规定的资格证明。

⑥依法设立的验资机构出具的验资证明。

⑦发起人首次出资是非货币财产的，提交已办理财产权转移手续的证明文件。

⑧以股权出资的，提交《股权认缴出资承诺书》。

⑨董事、监事和经理的任职文件及身份证件复印件。

依据《公司法》和公司章程的规定和程序，提交由发起人签署或由会议主持人和出席会议的董事签署的股东大会决议（募集设立的提交创立大会的会议记录）、董事会决议或其他相关材料。股东大会决议（创立大会会议记录）可以与上述第三项合并提交；董事会决议由董事签字。

⑩法定代表人任职文件及身份证件复印件。

依据《公司法》和公司章程的规定和程序，任职文件提交董事会决议，董事会决议由董事签字。

⑪ 住所使用证明。

自有房产提交房屋产权证复印件；租赁房屋提交租赁协议复印件以及出租方的房屋产权证复印件。有关房屋未取得房屋产权证的，属城镇房屋的，提交房地产管理部门的证明或者竣工验收证明、购房合同及房屋销售许可证复印件；属非城镇房屋的，提交当地政府规定的相关证明。出租方为宾馆、饭店的，提交宾馆、饭店的营业执照复印件。使用军队房产作为住所的，提交《军队房地产租赁许可证》复印件。

将住宅改变为经营性用房的，属城镇房屋的，还应提交《登记附表——住所（经营场所）登记表》及所在地居民委员会（或业主委员会）出具的有利害关系的业主同意将住宅改变为经营性用房的证明文件；属非城镇房屋的，提交当地政府规定的相关证明。

⑫《企业名称预先核准通知书》。

⑬募集设立的股份有限公司公开发行股票的还应提交国务院证券监督管理机构的核准文件。

⑭公司申请登记的经营范围中有法律、行政法规和国务院决定规定的必须在登记前上报经批准的项目，提交有关的批准文件或者许可证书复印件或许可证明。

⑮法律、行政法规和国务院决定规定设立股份有限公司必须报经批准的，提交有关的批准文件或者许可证书复印件。

（二）有限责任公司整体变更为股份有限公司

经典实例 

A有限责任公司（以下简称A公司）拟变更为B股份有限公司（以下简称B公司），向社会公开发行A股并在证券交易所上市。A公司的基本情况以及有关中介机构于2012年1月提出的有关改制方案和实施步骤要点如下所示。

（1）A公司由C集体所有制企业（以下简称C企业）、D国有企业、E国有企业和F国有企业于2011年1月共同出资成立，A公司的注册资本为人民币12000万元。其中，C企业以厂房、机器设备出资，经审计和评估后确认的净资产为8000万元，按80%的折股比例折为6400万股；D国有企业以其生产经营性资产作为出资，经评估后确认的净资产为人民币5000万元，按80%的折股比例折为4000万股；E国有企业和F国有企业分别以货币资金投入1200万元和800万元，按80%的折股比例分别折为960万股和640万股。

（2）A公司变更为B公司的相关方案为：A公司的全体股东作为B公司的发起人股东；A公司的资产以及债权债务全部由B公司承继；截至2011年12月31日，A公司变更为B公司前的总资产为人民币7亿元，总负债为人民币5亿元，净资产为人民币2亿元；A公司变更为B公司后的股份总额为人民币1.8亿元。

根据（1）、（2）所述内容，指出A公司变更为B公司的方案是否存在不当之处？并说明理由。

1. 具备整体变更的条件

《公司法》第九条、第九十六条对有限责任公司整体变更为股份有限公司的有关问题进行了规定，有限责任公司在经营过程中，可能会因为资金需求量的增加或将其股票公开发行上市，而必须变更为股份有限公司，以便向社会公众募集更多的资金，但有限责任公司与股份有限公司是两种不同类型的公司，它们的设立、内部组织机构及其对内对外事务的管理都有所不同，所以，在公司组织形式变更的时候，必须遵守《公司法》第七十七条、第七十八条的规定，符合下列条件和要求。

（1）股东人数符合法律要求。

有限责任公司原股东应当在两人以上，其中须有过半数的股东在中国境内有住所。（有限责任股东人数五十人以下，股份有限公司发起人股东人数二至二百人）

（2）股本达到法定资本最低限额。

原有限责任公司经评估、验资后的净资产额和社会公开募集的股本达到法定资本最低限额。《公司法》第八十一条要求设立股份有限公司的注册资本最低额为人民币五百万元或法律、法规另行规定的最低限额。

（3）股份发行筹办事项符合法律规定。

股份的发行必须秉持公开、公平、公正的原则，必须同股同权、同股同利。同次发行的股份每股发行的条件和发行价格必须相同，任何单位和个人所认购的股份，每股应支付相同的价格。如果采取募集方式公开发行股票，事前需经国务院批准。有限责任公司原股东筹办公司变更事项，必须严格按照《公司法》《证券法》及其他相关法律的规定进行。

（4）重新制定公司章程，采取募集方式设立的、经创立大会通过的、重定或变更的公司章程是公司整体变更的必要条件和程序，新的公司章程必须由有限责任公司原股东同意并签名盖章，并经创立大会通过。

（5）变更公司名称，建立符合股份有限公司要求的组织机构。

股份有限公司的名称必须标明“股份有限公司”或“股份公司”字样。股份有限公司必须设立股东大会、董事会、监事会、经理等规范的组织机构。

2. 整体变更公司

有限责任公司整体变更为股份有限公司一般应遵循以下程序。

（1）董事会拟订公司整体变更方案。

公司整体变更时，应当由公司董事会拟订出变更公司形式的方案，将公司变更的目标、依据及其他技术性问题做出初步的规划和设计。公司变更方案一般应包括下列内容：①变更后公司的名称和经营范围；②变更的规定和条件；③将原有限责任公司股东的投资份额转换成股份有限公司股份的方式和依据；④变更公司章程的声明；⑤有关公司变更的其他条款。

（2）股东会做出决议。

公司整体变更是公司的重大事宜，根据《公司法》第四十四条的规定，必须由股东会做出特别决议，该决议必须经代表三分之二以上表决权的股东通过。

（3）变更公司章程。

变更公司章程是公司组织形式变更的必需程序，《公司法》第四十四条把公司章程的变更规定为公司特别决议事项，即公司章程的变更必须经代表三分之二以上表决权的股东通过，并经公司登记机关审查登记后，章程的变更才发生法律效力。

（4）股份折换或募集。

有限责任公司在修订公司章程后，应依据章程的规定将原股东的出资额折合成股份有限公司的股份，折合的股份总额应不高于公司净资产额。在将原股东的出资额全部折合成股份后，仍有增资必要的，经国务院批准，可以向社会公开募集股份，但必须严格依照《公司法》有关向社会公开募集股份的规定办理。

在净资产折股时应注意以下问题。根据《公司法》规定，有限责任公司变更为股份有限公司时，折合的股份总额应当相等于公司净资产额。因此应以变更基准日经审计的净资产额为依据折合为股份有限公司的股份。实践中，为保证折合后的股份为整数，因为工商登记营业执照上的注册资本惯例是到个位数，通常净资产额与最后折合的股份数不是完全相等，考虑到公司法该条主要是从禁止出资不实、股本虚置的立法目的出发，虽有不一致，但不应成为重大违规事项，但差额应计入资本公积—股本溢价。

（5）向公司登记机关办理变更登记。

在上述步骤结束以后，董事会应向公司登记机关申请公司变更登记，经公司登记机关核准登记，取得公司登记机关换发的营业执照，公司整体变更的工作才告结束。

在进行变更工商登记程序时，应当注意以下问题。有限责任公司变更为股份有限公司，虽然公司性质不同，但在法律主体上是同一法人主体、法人资格的自然延续，不是主体变更，因此表现在资产权属上，不是以资产出资，不用过户转移登记，在债权债务方面属于法定承继，不需要使用公告取得债权人同意。而在工商登记方面也只是公司类型的变更登记，而非设立登记，表现在工商登记执照上注册号不变、成立日期相同。

（6）公告。

公司整体变更以后，应当进行公告。公告方式依有关法律规定或公司章程的规定进行。一般情况下，公告采取登报方式公布。

（三）股份有限公司运营

1. 股份有限公司组织机构

经典实例 

甲股份有限公司（以下简称甲公司）于2013年2月1日召开董事会会议，该次会议召开情况及讨论决议事项有如下几点。

（1）甲公司董事会的7名董事中有6名出席该次会议。其中，董事谢某因病不能出席会议，电话委托董事李某代为出席会议并行使表决权。

（2）甲公司与乙公司有业务竞争关系，但甲公司总经理胡某于2010年下半年擅自为乙公司从事经营活动，损害甲公司的利益，故董事会做出如下决定：解聘公司总经理胡某；将胡某为乙公司从事经营活动所得的收益收归甲公司所有。

（3）为完善公司经营管理制度，董事会会议通过了修改公司章程的决议，并决定从通过之日起执行。

根据上述情况和《公司法》的有关规定，回答下列问题。

（1）董事谢某电话委托董事李某代为出席董事会会议并行使表决权的做法是否符合法律规定？简要说明理由。

（2）董事会做出解聘甲公司总经理的决定是否符合法律规定？简要说明理由。

（3）董事会做出将胡某为乙公司从事经营活动所得的收益收归甲公司所有的决定是否符合法律规定？简要说明理由。

（4）董事会做出修改公司章程的决议是否符合法律规定？简要说明理由。

股份有限公司的组织机构主要包括股东大会、董事会、经理和监事会。

（1）股东大会。

股份有限公司的股东大会由股东组成。股东大会是公司的权力机构，依法行使下列职权：①决定公司的经营方针和投资计划；②选举和更换董事，决定有关董事的报酬事项；③选举和更换由股东代表出任的监事，决定有关监事的报酬事项；④审议批准董事会的报告；⑤审议批准监事会的报告；⑥审议批准公司的年度财务预算方案、决算方案；⑦审议批准公司的利润分配方案和弥补亏损方案；⑧对公司增加或减少注册资本做出决议；⑨对发行公司债券做出决议；⑩对公司合并、分立、解散和结算等事项做出决议；⑪ 修改公司章程。

有下列情形之一的，应当在两个月内召开临时股东大会：①董事会人数不足法定人数或公司章程所定人数的三分之二时；②公司未弥补的亏损达股本总额三分之一时；③持有公司股份百分之十以上的股东请求时；④董事会认为必要时；⑤监事会提议召开时；⑥公司章程规定的其他情形。

召开股东大会会议，应当将会议召开的时间、地点和审议的事项于会议召开二十日前通知各股东；临时股东大会应当于会议召开十五日前通知各股东；发行无记名股票的，应当于会议召开三十日前公告会议召开的时间、地点和审议事项。

股东出席股东大会会议，所持每一股份有一表决权。但是，公司持有的本公司股份没有表决权。

股东大会做出的决议，必须经出席会议的股东所持表决权过半数通过方可生效。

（2）董事会。

董事会对股东大会负责，行使下列职权：负责召集股东大会，并向股东大会报告工作；执行股东大会的决议；决定公司的经营计划和投资方案；制订公司的年度财务预算方案、决算方案；制订公司的利润分配方案或者弥补亏损方案；制订公司增加或者减少注册资本的方案以及发行公司债券的方案；拟订公司合并、分立、解散的方案；决定公司内部管理机构的设置；聘任或者解聘公司经理，根据经理的提名，聘任或者解聘公司副经理、财务主管人员等高级管理人员，决定其报酬事项；制定公司的基本规章制度。

董事会成员为五至十九人。董事由股东会选举产生。董事会设董事长一人，可以设副董事长一至二人。董事长、副董事长由董事会以全体董事的过半数通过选举产生。

（3）经理。

股份有限公司设经理，由董事会聘任或者解聘，对董事会负责。经理行使下列职权：主持公司的日常经营管理工作，组织实施董事会决议；组织实施公司年度经营计划和投资方案；拟订公司内部管理机构设置方案；制定公司的规章制度；提请任免公司副经理、财务负责人；经理列席董事会会议；公司章程和董事会授予的其他职权。

（4）监事会。

股份有限公司设立监事会。监事会由股东代表和适当比例的公司职工代表组成，具体比例由公司章程规定。监事会的成员不得少于三人。监事会应在其组成人员中推选一名召集人。董事、经理及财务主管人员等高级管理人员不得兼任监事。监事的任期每届为三年，任期届满连选可以连任。

2. 上市公司组织机构的特别规定

上市公司在一年内购买、出售重大资产或者担保金额超过公司资产总额百分之三十的，应当由股东大会做出决议，并经出席会议的股东所持表决权的三分之二以上通过。

上市公司设立独立董事、设立董事会秘书，负责公司股东大会和董事会会议的筹备、文件保管以及公司股权管理，办理信息披露事务等事宜。

上市公司董事与董事会会议决议事项所涉及的企业有关联关系的，不得对该项决议行使表决权，也不得代理其他董事行使表决权。该董事会会议由过半数的无关联关系董事出席即可举行，董事会会议所做决议须经无关联关系董事过半数通过。出席董事会的无关联关系董事人数不足三人的，应将该事项提交上市公司股东大会审议。

3. 股份有限公司筹集资金

股份有限公司筹集资金的方式主要有以下两种。

（1）发行股票。

股票是公司发给股东的入股凭证，是股东拥有公司财产所有权的法律证书，也是股东据以取得股息和红利的一种有价证券。股票可以依法进行买卖，价格随行就市。股票的种类有：

记名股票和无记名股票、普通股票和优先股票、有票面值股票和无票面值股票、单一股票和复数股票等。

（2）发行公司债券。

债券是公司为筹集资金，按照法定手续发行，承担在指定时间内支付一定利息和偿还本金义务的有价证券。债券可分为记名债券和无记名债券两种。记名债券在转让时，除要交付债券外，还要在债券上背书；无记名债券在转让时立即生效。公司债券持有者是公司的债权人，无权参与公司事务和业务的决策，只是根据债券金额享有向公司请求支付固定利息的权利。公司债券清偿期届满时，公司负有向债券持有者清偿债券本金的义务，公司解散时，债券持有者有权优先从公司财产中受偿。

4. 股份有限公司的重整

当公司财务严重困难或有破产危险时，为维护公司的存在和使之振兴复苏，并保护股东公司债权人的利益，经法院裁定而进行的停业整顿，在法律上叫作公司的重整。

公司重整必须向法院提出申请。具有申请人资格的为本公司的或者连续 6 个月以上持有已发行股票 10% 以上股份的股东，或者是拥有相当于公司已发行股份总金额 10% 以上的债权的公司债权人。

在公司已决定或公布破产、公司已解散、公司已无经营价值、公司未公开财务等情况下，不得进行重整。

5. 股份有限公司的解散

股份有限公司的解散是公司法人资格被取消的法律程序和公司业务经营活动终止的法律事实。公司解散以后，公司的法人资格并没有马上消失，还要经过清算程序。公司的清算就是被解散的公司结束一切业务经营活动后，对公司财产进行清理，催收债权，偿还债务，把公司剩余财产分给股东而进行的程序。只有完成清算的程序，公司才正式消失。

公司解散大致有以下几种原因：①公司所经营的事业已经完成或不能完成，公司所定的章程关于解散的事由发生，股东大会决议解散；②合并，即新设合并或吸收合并中被吸收；③破产，公司宣布破产时，公司应马上解散；④政府主管机关宣布解散命令；⑤法院裁定解散。

公司解散分两种方式：一种是自愿解散，这主要是基于公司自己的要求而自愿进行的解散；另一种是强制解散，是公司基于法律或主管机关命令而被迫进行的解散。

6. 股份有限公司的清算

股份有限公司的清算，是指股份有限公司在解散过程中，为了终结公司现存的各种法律关系和了结公司债务，而对公司的资产、债权和债务关系等进行清理、处分的行为。根据有关法规规定，除因合并、破产而解散外，其他各种方式的解散都必须进行。这是因为合并而解散的公司的权利义务已转移到存续的公司或新设的公司，故不必清算。公司因破产而解散，其财产处分的办法须依照破产法的规定去处理。公司因破产后不会有剩余财产，因为全部财产不足以抵偿债务才叫破产，因此它只是满足债权人的利益，而不是股东的利益。

公司的清算可分为两种：一种是普通清算；另一种是法定清算。无论是普通清算还是法定清算，基本的任务和目的都是了结公司的现有业务，收取债权、偿还债务、分派剩余的财产，都是在法院的监督下进行的。不过法定清算受法院监督更为严格。

股份有限公司解散，首先要确定清算人，即在公司解散过程中从事清算事务、处理公司财产和债权及债务的执行人。清算人的产生一般有几种情况：一是公司董事担任清算人；二是公司股东大会选举产生清算人；三是法院指派清算人。

清算人编造清算期内会计表册，提请股东大会承认。在股东大会承认会计表册后一定期限内，清算人向法院申请进行清算终结的登记。一经法院核准清算终结登记，清算程序即告终结，公司法人资格即告消失。

任务二 证券投资者投资入市

经典实例

客户张某在A营业部参与了二级市场新股配售，委托买入5000股“川化股份”。过了几日，张某前往查询，竟未查到“川化股份”的配号。经过了解，在“川化股份”向二级市场配售当天，张某在B营业部申购了“川化股份”的二级市场配售，接着又到A营业部申购。由于“川化股份”在深交所发行上市，而根据深交所向二级市场投资者配售新股的有关规定，同一个股东账户在几家证券营业部委托配售新股时，深交所只确认第一笔进入交易所主机的新股配售委托为有效，其余视为无效，所以张某在B营业部的申购有效，而在A营业部的申购无效。后张某在B营业部查询到了此次配售的配号。与此不同，上交所因为实行了指定交易，故不存在这一问题。

同在A营业部的客户王某也碰到了一件烦心事。某星期五上午9：16，王某用电话委托挂出“PT农垦”1000股每股5.8元的卖单，当日该股成交价为每股6元，王某的委托却未能成交。经询问，未成交的原因就出在委托时间上。

根据上交所PT股票特别转让的规定，转让时间为星期五上午9：30～11：30，下午1：00～3：00。由于“PT农垦”在上交所上市，提前挂单委托是无效的。不同的是，深交所PT股票特别转让的时间为星期五上午9：15～11：30，下午1：00～3：00。

投资者参与证券市场时，要注意上交所、深交所的相关规则，特别要注意两个交易所的不同规则，以使证券买卖顺利进行，避免不必要的损失。

证券投资者是指以取得利息、股息或资本收益为目的而买入证券的机构和个人。机构投资者主要是证券公司、共同基金等金融机构和企业、事业单位、社会团体等。

证券投资主体购买证券的目的是为了待一定时期后取得股息和利息，并期待证券增值，为此他们在购买证券后相当长的时间内持有证券，这种行为被认为是投资行为，这类投资主体被称为证券投资者或长期投资者。

一、证券投资者

证券投资者是证券市场的资金供给者。众多的证券投资者保证了证券发行和交易的连续性，也活跃了证券市场的交易。目前，我国证券市场中的证券投资者有以下几类。

1. 个人投资者

个人投资者是证券市场最广泛的投资者。不论男女老幼，也不分文化职业，只要有起码的购买能力和投资欲望，都可在证券市场上一试身手。由于个人投资者的目的是为了获利，所以任何投资者都可根据市场变化状况及自己的需要变换证券种类。虽然每个个人投资者因投资能力所限，单个投资额不可能很大，但由于社会公众的广泛性，其集合总额却是比较可观的。

2. 企业

企业不仅是证券发行人，同时也是证券投资者。特别是当一个股份有限公司意欲吞并或控制其他股份有限公司时，就会购进其他公司的股票，这样，该股份有限公司就成了另一家或另几家发行公司的股票投资者或股东。同样，企业也可以成为债券的投资者。由于企业具有较大的购买力，所以单个企业（股份公司）的投资量远远大于个人的投资量。

根据 1997 年 5 月 21 日国务院证券委、中国人民银行、国家经贸委联合发布的《关于严禁国有企业和上市公司炒作股票的规定》，我国对国有企业和上市公司进行股票投资做了必要的限制。

3. 各类金融机构

无论是商业银行，还是各种非银行金融机构，作为专门从事金融业务的特殊企业，都希望并能够从购买证券中获取利润。由于各类金融机构的资金拥有能力和特殊的经营地位，使其成为发行市场上的主要需求者。商业银行仅限于买卖政府债券；投资基金公司主要运作对象是各类债券和股票；证券公司、信托投资公司的证券部等证券专门经营机构，既可进行股票和债券的代理买卖，也可进行股票和债券的自营买卖；保险公司可在证券市场上对政府债券进行投资。

4. 各种社会基金

证券市场为社会上各种公共基金提供了值得选择的投资场所。信托基金、退休基金、养老基金、年金基金等社会福利团体虽是非营利性的，但这些基金可以通过购买证券主要是政府债券以达到保值、增值的目的。

5. 外国投资者

随着经济国际化趋势的不断发展，证券的发行与买卖已超出了国界限制。外国公司、外国金融机构、外国人等可以购买别国发行的证券；或者某国发行公司通过跨国公司在境外发行证券，向外国个人或团体募集资金。目前，我国有三种股票可供境外投资者认购：① B 股，它是我国股份有限公司发行的以人民币标明面值，供境外投资者用外币认购的，在境内上市的普通股股票；② H 股，它是境内公司发行的以人民币标明面值，供境外投资者用外币认购，在香港联合交易所上市的股票。H 股的发行和交易由境内和香港证券管理部门双重监管；③ N 股，它是以人民币标明面值，供境外投资者用外币认购，获纽约证交所批准上市的股票。目前几乎所有的外国公司（即非美国公司，但不包括加拿大公司）都采用存股证形式，而非普通股的方式进入美国市场。存股证是一种以证书形式发行的可转让证券，通常代表一家外国公司的已发行股票。中国目前在美国成功发行的山东华能和华能国际股票，即是以 N 股存股证的方式在纽约证交所挂牌交易的股票。

目前，我国正在积极开拓国外市场，与澳大利亚、新加坡、英国等都签署了联合监管备忘录，为外国投资者投资于中国的证券提供了日益丰富的品种和各种渠道。

二、证券投资者投资入市

对于普通股民来说，在股市中进行买卖操作是以券商为中介的，因而去券商处办理相应的入市手续就成为进入股市的第一步。去券商处办理相应的手续这一过程也称为“开户”。

开户是指在股票市场中开设相应的账户、建立身份，只有开户后，才能在股市开展交易股票，开户是投资者在券商处开设的进行股票交易的账户。在我国，办理股票开户要求投资者年龄为 18~70 周岁，非法定禁入证券市场人员。根据国家有关规定，下列人员不得开设 A 股证券账户：证券主管机关中管理证券事务的有关人员；证券交易所管理人员；证券经营机构中与股票发行或交易有直接关系的人员；与发行人有直接行政隶属或管理关系的机关工作人员；其他与股票发行或交易有关的知情人；未成年人或无行为能力的人以及没有公安机关颁发的身份证的人员；由于违反证券法规，主管机关决定停止其证券交易，期限未满者；其他法规规定不得拥有或参加证券交易的自然人，包括武警、现役军人等。另外，证券从业人员及国家机关处级以上干部、现役军人等不得参与股票交易，但可以开立基金账户，买卖基金和债券。

（一）股票开户的内容

开立股票账户是投资者进入股市进行操作的先决条件。股票账户是指投资者在券商处开设的进行股票交易的账户，包括开立证券账户（股东账户）和资金账户，只有两种账户均开齐了才能进行证券的买卖。其中，证券账户（股东账户）分为上海证券交易所证券账户和深圳证券交易所证券账户两种。

1. 开立证券账户

证券账户又叫股东账户，股东卡，它相当于一个股票存折，一旦开立，就可以在证券交易所里拥有一个证券账户，通过交易所对投资者的证券交易进行准确高效地记载、清算和交割。投资者买卖证券，都会在证券账户中如实地反映出来。如果投资者要同时买卖在上海、深圳两个证券交易所上市的股票，就需分别开设上海证券交易所证券账户和深圳证券交易所证券账户。开设上海、深圳证券账户必须到各地证券登记公司或被授权开户代理处办理。

证券账户有不同种类，目前，上海、深圳两交易所证券账户主要分为自然人证券账户、法人证券账户、A 股证券账户、B 股证券账户以及基金账户等。

2. 开立资金账户

开立了证券账户后，投资者就具有了进行证券投资的资格，但是投资者不能直接与交易所联系进行交易，只有交易所的会员才能在交易所里进行交易，因此投资者还必须选择一家具有交易所会员资格的、可以从事证券经营业务的证券营业部作为自己证券交易的经纪商，并在证券营业部开立资金账户，由证券营业部代理个人到交易所内进行交易，并办理清算、交割、过户等手续。

3. A 股开户时间及费用

开户时间:工作日周一到周五的交易时间为上午 9：30 ~ 11：30、下午 13：00 ~ 15：00（为满足上班族开户时间需求，部分券商会在非交易时间办理资料填写，交易时间开始后录入）。

沪市 A 股开户费用：个人，40 元 / 账户；机构，400 元 / 账户。

深市 A 股开户费用：个人，50 元 / 账户；机构，500 元 / 账户。

（二）股票开户流程

第一步，选择一家证券公司；

第二步，持本人身份证和银行卡去证券公司的业务网点办理开户手续；

第三步，开设相应的股东账户卡；

第四步，填写开户申请书，签署《证券交易委托代理协议书》，开设资金账户；

第五步，如要开通网上交易，还需填写《网上委托协议书》，并签署《风险揭示书》；

第六步，到银行卡所在的银行，出示《交易结算资金银行存管协议书》，办理资金的第三方存管。下载软件后进入委托交易页面，即可以转账、交易。

三、证券委托交易规则

（一）A股、基金、债券基本交易规则

1. 竞价原则

竞价原则为价格优先、时间优先。成交时价格优先的原则为：较高价格买进申报优先于较低价格买进申报，较低价格卖出申报优先于较高价格卖出申报。成交时间优先的原则为：买卖方向、价格相同的，先申报者优先于后申报者。先后顺序按交易主机接受申报的时间确定。

股票交易单位为股，每100股为一手，委托买卖必须以100股或其整数倍进行。债券以人民币1000元面额为1手。债券回购以1000元标准券或综合券为1手。100股以下的零股交易只能卖出不能买入，且只能一次性委托卖出零股。

2. 计价单位

股票为"每股价格"，基金为"每份基金价格"，债券为"每百元面值的价格"，债券回购为"每百元资金到期年收益"。

A股、基金和债券的申报价格最小变动单位为0.01元人民币；B股上交所为0.001美元、深交所为0.01港元；债券回购上交所为0.005美元，深交所为0.01港元。

3. 交易时间

上午9：15～9：25为集合竞价；

上午9：30～11：30下午1：00～3：00为连续竞价。

4. 委托方式

人工、电话、磁卡、热自助、网上交易、远程交易等。

人工当面委托即投资者填写委托单，通过柜台工作人员输入电脑；电话委托即投资者通过电话，经电话委托系统进行委托交易；磁卡自助委托即投资者用磁卡在刷卡委托机上经刷卡进入自助委托系统进行的委托交易；热自助委托即大户投资者在行情分析电脑上利用弹出交易菜单直接进行的自助委托；网上交易委托即通过互联网利用网上交易系统进行的委托交易；远程交易委托即利用城域网或电话拨号连入券商处的服务端从而利用远程交易软件进行的委托交易。

5. 涨跌幅限制

交易所对股票、基金交易实行价格涨跌幅限制，涨跌幅比例为10%，其中ST股票价格涨跌幅比例为5%。

涨跌幅价格的计算公式为

$$涨跌幅价格=前收盘价\times（1\pm 涨跌幅比例）$$

计算结果四舍五入至价格最小变动单位。

股票、基金上市首日不受涨跌幅限制，但深市新股上市首日的有效竞价为150元，即集合竞价时委托价格不得超过其发行价上下各150元，连续竞价时无此限制。

收盘价为当日最后一笔交易（含最后一笔交易），前一分钟所有交易的成交量加权平均价。

6. T+1交收制

T即交易日，T+1即交易日后的第二天，所谓的T+1即当天买入的股票不能在当天卖出，需待第二个交易日方可卖出。不过当天卖出股票可在成交返还后再买进股票，即资金的T+0回转，但提取现金还是要等到第二日。

债券可以进行回转交易，即投资者买入的债券经交易主机确认成交后，可以在当日全部或

部分卖出。

（二）B股基本交易规则

（1）沪市B股交易以美元为计价单位，深市B股交易以港币为计价单位。

（2）T+3交收：交易成交后证券与资金的交收在T+3日完成。

（3）沪市从事B股交易的境外投资者不须办理指定交易。

（三）沪、深两市交易规则不同处

（1）B股申报价格最小变动单位深市为0.01港元，沪市为0.001美元；债券回购深市为0.01美元，沪市为0.005港元。

（2）对无价格涨跌幅限制的证券，深市对超过有效竞价范围的申报不能让其即时参加竞价，将之暂存于交易主机，当成交价格波动使其进入有效竞价范围时，交易主机自动取出申报，参加竞价；而沪市在其集合竞价时，申报价格无限制。

（3）集合竞价中，当两个以上价位符合成交价格的确定原则时，深市取距前收盘价最近的价位为成交价；而沪市则取其中间价为成交价。

（4）深市投资者可以用同一证券账户在多个证券营业部买入证券，但必须在原买入证券的营业部委托卖出该证券。投资者买入证券后可以向原买入证券营业部发出转托管指令。转托管完成后，投资者才可以在转入营业部卖出其证券。而沪市则实行全面指定交易制度，投资者在上证所买卖证券需由指定的一家会员进行委托申报并办理清算交收，投资者若需转出证券，必须办理撤销指定交易手续后重新申办。

（5）深市证券在停牌期间，可以申报，申报后也可以撤销，复牌时对已接受的申报实行集合竞价；而沪市开市期间停牌的证券，停牌期间，不接受申报，但停牌前的申报可以撤销。

（6）深市股票、基金单笔申报最大数量应当低于100万股（份）。沪市流通股份1亿以下的股票，单笔申报最大数量不得超过20万股；流通股份1亿（含1亿）以上的股票，单笔申报最大数量应当低于100万股。

（7）深市上市的A股、基金、债券（债券回购除外）的交易可采用大宗交易方式进行交易，A股、基金每笔大宗交易申报数量不得低于500000股（份），债券每笔申报数量不得低于5000手，买卖的价格、数量等在交易日14：55分前输入交易系统，大宗交易的交易价格由买卖双方在当日已成交的最高和最低成交价格之间确定，成交价格不纳入实时行情及指数的计算。

任务三　证券交易所的设立与运营

按照我国《证券法》第一百零二条和中国证监会发布的《证券交易所管理办法》（2001年修订）第三条的规定，证券交易所是指依该办法规定条件设立的，不以营利为目的，为证券的集中和有组织的交易提供场所、设施，履行国家有关法律、法规、规章、政策规定的职责，实行自律性管理的法人。

经典实例 

关于证券交易所，下列哪一表述是正确的？

A. 会员制证券交易所从事业务的盈余和积累的财产可按比例分配给会员

B. 证券交易所总经理由理事会选举产生并报国务院证券监督管理机构批准

C. 证券交易所制定和修改章程应报国务院证券监督管理机构备案

D. 证券交易所的设立和解散必须由国务院决定

答案: D

解析:《证券法》第一百零二条第二款规定,“证券交易所的设立和解散,由国务院决定。”所以,D项正确。A项错误,因为《证券法》第一百零五条第二款规定,“实行会员制的证券交易所的财产积累归会员所有,其权益由会员共同享有,在其存续期间,不得将其财产积累分配给会员。”B项错误,因为《证券法》第一百零七条规定,证券交易所设总经理一人,由国务院证券监督管理机构任免。C项错误,因为《证券法》第一百零三条第二款规定,证券交易所章程的制定和修改,必须经国务院证券监督管理机构批准。

一、证券交易所的设立

(一)具备证券交易所的设立条件

根据《证券法》第一百零二条~第一百零五条、第一百零八条~第一百一十条、第一百一十八条和1997年11月30日国务院批准、1997年12月10日国务院证券委员会发布、2001年12月12日中国证券监督管理委员会根据《国务院关于修订〈证券交易所管理办法〉的批复》重新公布的《证券交易所管理办法》第八条的规定,设立证券交易所需具备以下条件。

1. 具有自己的名称

证券交易所必须在其名称中标明“证券交易所”字样。其他任何单位或者个人不得使用证券交易所或者近似的名称。

2. 制定章程和业务规则

制定章程是设立证券交易所的必备条件和程序。设立证券交易所必须制定章程,而且其制定和修改,必须经国务院证券监督管理机构批准。

证券交易所的章程应当包括下列事项。

(1)设立目的。

(2)名称。

(3)主要办公及交易场所和设施所在地。

(4)职能范围。证券交易所的职能包括:提供证券交易的场所和设施;制定证券交易所的业务规则;决定证券上市;组织、监督证券交易;对会员进行监管;对上市公司进行监管;管理和公布市场信息;证监会许可的其他职能。

(5)会员的资格和加入、退出程序。

(6)会员权利和义务。

(7)对会员的纪律处分。

(8)组织机构及其职权。

(9)高级管理人员的产生、任免及其职责。

(10)资本和财务事项。

(11)解散的条件和程序。

(12)其他需要在章程中规定的事项。

设立证券交易所必须制定章程。证券交易所章程的制定和修改,必须经国务院证券监督管理机构批准。

证券交易所依照证券法律、行政法规制定上市规则、交易规则、会员管理规则和其他有关规则，并报国务院证券监督管理机构批准。

3. 有必要的场所、设施和资金

证券交易所要为证券集中交易提供场所和设施。公司制证券交易所的资金主要来源于股东的出资。会员制证券交易所的资金主要来源于会员缴纳的席位费和上市公司缴纳的年费等。为了保证交易进行得快速、高效、便捷和安全，《证券法》在原有交易所提供场所的基础上增加了“设施”二字，强调了对交易所的先进技术设施的更高要求，表明了立法者想通过提高交易设施的技术含量，来提升交易所的国际竞争力和竞争优势的意图。

证券交易所可以自行支配的各项费用收入，应当首先用于保证其证券交易场所和设施的正常运行，并逐步改善。

4. 有一定数量的会员

能进入证券交易所参与集中交易的，必须是证券交易所的会员。按照最新规定的精神，会员可以是证券公司，也可以是证券公司以外的其他机构。修订后的《证券法》为打破分业经营，留下了空间。混业经营有可能成为“国家另有规定的除外”，如此一来，其他混业经营机构就有可能也成为证券交易所的会员。随着金融改革不断深化，过去实行严格分业经营的做法在实践中已经开始被突破，出现了在集团控股下分设银行、证券、保险机构的模式，而且最近国务院已经批准商业银行设立基金管理公司试点，批准保险资金按一定比例直接进入资本市场，这些做法都已突破分业经营的限制。根据实践的需要，证券公司以外的其他机构，成为证券交易所会员指日可待。

5. 有适格的管理人员和从业人员

有《公司法》第一百四十七条规定的情形或者下列情形之一的，不得担任证券交易所的负责人。

（1）因违法行为或者违纪行为被解除职务的证券交易所、证券登记结算机构的负责人或者证券公司的董事、监事、高级管理人员，自被解除职务之日起未逾五年。

（2）因违法行为或者违纪行为被撤销资格的律师。

（3）注册会计师或者投资咨询机构、财务顾问机构、资信评级机构、资产评估机构、验证机构的专业人员，自被撤销资格之日起未逾五年。

（4）因违法行为或者违纪行为被开除的证券交易所、证券登记结算机构、证券服务机构、证券公司的从业人员和被开除的国家机关工作人员，不得招聘为证券交易所的从业人员。

（二）申请设立证券交易所

依照《证券法》和《证券交易所管理办法》的规定，设立证券交易所，由证监会审核，报国务院批准。

申请设立证券交易所，应当向证监会提交下列文件：①申请书；②章程和主要业务规则草案；③拟加入会员名单；④理事会候选人名单及简历；⑤场地、设备及资金情况说明；⑥拟任用管理人员的情况说明；⑦证监会要求提交的其他文件。

二、证券交易所的运营

证券交易所应当履行国家有关法律、法规、规章、政策规定的职责，创造公开、公平、公正的市场环境，保证证券市场的正常运行。为此，交易所需要建立完善的交易规则，实行科学的管理制度。此外，证券交易所还应承担一定的管理和监督职责。

证券交易所对其成员（证券公司）、上市公司以及证券交易活动实行自律性管理。其管理权来源于自愿授权，授权的方式是成立交易所的协议（一般表现为章程），上市协议，对交易所规则的接受等。

（一）证券交易所的组织机构

1.会员制证券交易所

会员制证券交易所是指由证券商作为会员共同出资设立的非营利性法人。其特点是，交易所由会员组成，交易所的财产由全体会员共同享有、共同使用；只有会员才能进入交易大厅，非会员利用交易所只能委托会员代理；交易所不以营利为目的，其收入主要来自会员分担的会员费、席位费，它也可向上市公司收取较低的上市费用，但不得向证券商收取交易佣金，另外，交易所不分派积累，也不承担交易中的一切风险和违约损失。

会员制证券交易所的组织结构一般包括会员大会、理事会、监察委员会和总经理。会员大会是证券交易所的最高权力机构，有权决定交易所的一切重大问题。理事会是交易所的决策机构。总经理是交易所日常事务的执行机构。监察委员会是交易所的监督机构。需要指出的是，中国与国际上通常的做法有所不同，特别是理事长、副理事长不是由会员或理事提名，而是由中国证监会提名；总经理不是由理事会聘任，而是由中国证监会任免。

成为证券交易所的会员应当符合规定的条件。《证券交易所管理办法》第四十一条规定："证券交易所接纳的会员应当是有权部门批准设立并具有法人地位的境内证券经营机构。"

此外，交易所可以接纳特别会员，特别会员的资格及权利、义务由证券交易所章程规定。

证券交易所会员的权利一般有派出场内交易代表和清算人员、转让席位、共享交易所积累、退出交易所等，义务则有交付规定费用、缴存保证金和赔偿基金、分担经费等。会员承担有限责任。

2.公司制证券交易所

公司制证券交易所是指由股东出资按股份有限公司或有限责任公司的形式设立的证券交易所。

公司制证券交易所实行交易所经营者与交易参与者分离原则，其股东原则上不是证券商，即使证券商成为股东，该证券商的股东、职员也不得担任证券交易所的高级职员。证券商根据与证券交易所的协议进入交易所进行交易，公司股东若非证券商而要进入证券交易所参与交易，必须另行缴纳席位费。公司制证券交易所多是营利性法人，但也有非营利性的。营利性交易所及其人员也不参与证券买卖，其利润主要来源于因提供交易场所和设施而收取的手续费。公司制证券交易所必须设立赔偿基金，对在证券交易所内从事证券交易的任何一方的违约损失负责。

公司制证券交易所采用股份有限公司或有限责任公司的组织形式，其基本组织结构与普通公司非常相似，通常也设有股东大会、董事会、监事会和经营管理机构。但其机构设置应当反映证券交易活动的特点和实际需要，应当采取有别于普通公司的特殊制衡机制。

3.中国证券交易所的组织形式

中国沪、深两个证券交易所当初是由政府拨款设立的，《证券法》以及《证券交易所管理办法》都没有明确规定证券交易所的组织形式，但其中许多提法符合会员制的特征。

沪、深两个证券交易所的章程明确规定：证券交易所不以营利为目的，实行会员制法人。然而，交易所的非会员理事由中国证监会委派，理事长及副理事长由中国证监会提名，总经理及副总经理由中国证监会任免，财务及人事部门负责人的任免报中国证监会批准，高级管理人员的职务在特定情形下可被中国证监会解除，业务规则需要经中国证监会审批，交易品种要经中国证监会批准，交易所应当执行中国证监会下达的监管指令，这都使得中国的证券交易所与真正的会员制存在本质差异。鉴于全球证券交易所改制的浪潮，以及公司制有利于改进内部治理结构、增强资本实力、促进交易场所市场化和国际化的优点，中国应当对交易所进行股份化改造。实际上，《证券法》删除了“不以营利为目的”，于第一百零五条特别强调“实行会员制的”，都是在为营利性的公司制证券交易所预留空间。

（二）证券交易所运行系统及规则

证券交易所实行电子交易，其运行系统包括以下内容：①交易系统，它是接收指令、储存指令、达成交易的部分，由撮合主机、通信网络和柜台终端三部分组成；②结算系统，它是对证券交易进行结算、交收和过户的系统；③信息系统，它负责对每日证券交易的行情信息和市场信息进行实时发布；④监察系统，它负责对行情信息、交易情况、证券结算和资金交收等进行实时监控。

为了维护证券交易所秩序，证券交易所应当具有一套相关规则。《证券交易所管理办法》第三十条规定：证券交易所应当制定具体的交易规则。其内容有：①交易证券的种类和期限；②证券交易方式和操作程序；③证券交易中的禁止行为；④清算交割事项；⑤交易纠纷的解决；⑥上市证券的暂停、恢复与取消交易；⑦证券交易所的开市、收市、休市及异常情况的处理；⑧交易手续费及其他有关费用的收取方式和标准；⑨对违反交易规则行为的处理规定；⑩证券交易所证券交易信息的提供和管理；⑪ 股价指数的编制方法和公布方式；⑫ 其他需要在交易规则中规定的事项。

这些规则可以分为两种。

（1）上市规则。通常包括各种证券的上市条件、上市程序、暂停上市、终止上市等。

（2）证券集中交易规则。包括以下内容：①交易市场规则，它涉及交易场所、交易人员、交易证券和交易时间等；②证券买卖规则，包括开户、委托、申报、竞价、成交、结算、纠纷处理等。

此外，证券交易所还应制定：①会员管理规则，通常包括取得会员资格的条件和程序，席位管理办法，会员的业务报告等；②关于证券交易从业人员的规则。

（三）证券交易所的服务功能

根据《证券交易所管理办法》第十一条的规定，证券交易所的职能有：①提供证券交易的场所和设施；②制定证券交易所的业务规则；③接受上市申请、安排证券上市；④组织、监督证券交易；⑤对会员进行监管；⑥对上市公司进行监管；⑦设立证券登记结算机构；⑧管理和公布市场信息；⑨中国证监会许可的其他职能。

上述职能归结为两大类：一是提供交易市场，即为证券交易提供服务；二是维护市场秩序，即对证券市场进行监管。

证券交易所最基本和最重要的功能是向交易各方提供服务，即为公司提供上市服务，为投资者提供交易场所。它首先是提供交易大厅、基础设施、电子计算机以及通信条件等。此外，证券交易所应当通过计算机系统撮合证券交易，并负责对交易进行清算，通知和督促交割。证券交易所应当管理市场信息，向投资者提供上市公司信息，向上市公司提供咨询意见。证券交易所还应维护股东或会员利益。

（四）证券交易所的法定义务和责任

证券交易所履行服务和监管职能时，必须承担如下义务和责任。

1. 费用收入及积累

《证券法》第一百零五条规定：证券交易所可以自行支配的各项费用收入，应当首先用于保证其证券交易场所和设施的正常运行并逐步改善。实行会员制的证券交易所的财产积累归会员所有，其权益由会员共同享有，在其存续期间，不得将其财产积累分配给会员。

2. 设立风险基金

为了防止证券交易所本身的风险影响证券市场的健康运行，《证券法》第一百一十六条规定：证券交易所应当从其收取的交易费用和会员费、席位费中提取一定比例的金额设立风险基金。风险基金由证券交易所理事会管理。风险基金提取的具体比例和使用办法，由国务院证券监督管理机构会同国务院财政部门规定。按《证券法》第一百一十七条的规定，证券交易所应当将收存的风险基金存入开户银行专门账户，不得擅自使用。

3. 从业人员回避

为了保证证券交易所公开、公平和公正地组织和监管证券交易，《证券法》第一百一十九条规定：证券交易所的负责人和其他从业人员在执行与证券交易有关的职务时，与其本人或者其亲属有利害关系的，应当回避。

三、证券交易所的解散

证券交易所一般因出现下列情形之一而解散：丧失法定的设立和存续条件的；因不可抗力无法继续运营的；决议解散的。

按照《证券法》第一百零二条第二款和《证券交易所管理办法》第九条的规定，我国不仅设立证券交易所须经证监会审核同意，解散证券交易所也要经证监会审核同意后，报国务院批准，方可解散。

任务四　证券公司的设立与运营

证券公司有时被称为“券商”，是指依照中国《公司法》和《证券法》规定设立的经营证券业务的有限责任公司或股份有限公司。

现行《证券法》保留了将证券公司分为有限责任公司和股份有限公司的做法。据此，证券公司不得采取公司制以外的企业组织形式，例如个人独资企业、合伙企业等。

证券公司经营证券业务，通常包括证券承销、保荐、经纪和自营，以及证券登记清算、证券保管、投资咨询和资产管理等。证券经营风险高，而且具有扩散性和放大性。

1998 年《证券法》根据业务范围将证券公司分为综合类和经纪类。综合类证券公司可以从事证券经纪业务以及证券自营业务、证券承销业务或其他证券业务。而经纪类证券公司只能从事证券经纪即代理业务。但现行《证券法》取消了关于证券公司分类管理的条款，以适应证券公司业务创新的需要和混业经营的趋势。

在中国，证券公司主要受《公司法》《证券法》和国务院 2008 年颁布的《证券公司监督管理条例》调整。此外，中国证监会发布了大量的相关规则。证券公司应当遵守法律、行政法规和国务院证券监督管理机构的规定，审慎经营，履行对客户的诚信义务。

一、证券公司的设立

设立证券公司应当具备《公司法》《证券法》和《证券公司监督管理条例》等所规定的条

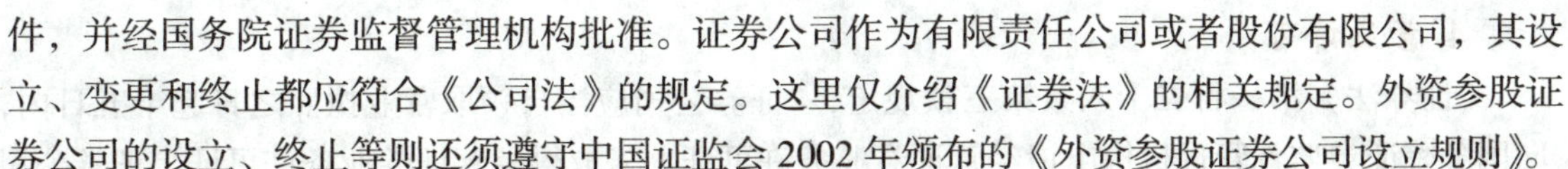

件，并经国务院证券监督管理机构批准。证券公司作为有限责任公司或者股份有限公司，其设立、变更和终止都应符合《公司法》的规定。这里仅介绍《证券法》的相关规定。外资参股证券公司的设立、终止等则还须遵守中国证监会2002年颁布的《外资参股证券公司设立规则》。

（一）具备设立证券公司的条件

根据《证券法》第一百二十四条规定，“设立证券公司，应当具备下列条件：①有符合法律、行政法规规定的公司章程；②主要股东具有持续盈利能力，信誉良好，最近三年无重大违法违规记录，净资产不低于人民币二亿元；③有符合该法规定的注册资本；④董事、监事、高级管理人员具备任职资格，从业人员具有证券从业资格；⑤有完善的风险管理与内部控制制度；⑥有合格的经营场所和业务设施；⑦法律、行政法规规定的和经国务院批准的国务院证券监督管理机构规定的其他条件。”

证券公司经营证券经纪业务、证券投资咨询业务，或与证券交易、证券投资活动有关的财务顾问业务的，注册资本最低限额为人民币五千万元；经营证券承销与保荐业务，证券自营业务，证券资产管理业务，或其他证券业务之一的，注册资本最低限额为人民币一亿元；经营证券承销与保荐业务，证券自营业务，证券资产管理业务，或其他证券业务中两项以上的，注册资本最低限额为人民币五亿元。证券公司的注册资本应当是实缴资本。

国务院证券监督管理机构根据审慎监管原则和各项业务的风险程度，可以调整注册资本最低限额，但不得少于前述规定的限额。

（二）审批设立证券公司

对于证券公司的设立，中国采取审批制。审批时，申请人即使完全具备法律规定的条件，监管机构也可能因为考虑到证券市场发展和公平竞争的需要等而决定不予批准。然而，对证券公司实行严格的审批，使得少数申请人才能进入市场，容易形成行业垄断，市场缺乏竞争力。

根据中国法律法规规定，证券公司的设立需要经过申请、审批、登记和营业许可程序。

1. 申请

申请设立证券公司，申请人应当向中国证监会提交筹建申请以及设立证券公司的可行性报告、验资证明、组织章程、主要负责人的基本情况等材料。

2. 审批

《证券法》第一百二十二条规定，“设立证券公司，必须经国务院证券监督管理机构审查批准。未经国务院证券监督管理机构批准，任何单位和个人不得经营证券业务。”该法第一百二十八条第一款规定，“国务院证券监督管理机构应当自受理证券公司设立申请之日起六个月内，依照法定条件和法定程序并根据审慎监管原则进行审查，做出批准或者不予批准的决定，并通知申请人；不予批准的，应当说明理由。”这里所谓审慎监管，是指监管机构应当根据已经发布的监管规则以及监管机构认可的内部政策、程序和管理制度决定是否批准。但是，监管机构不得借审慎监管歧视申请人。审慎监管的目标是确保证券公司业务稳健、客户资产安全。

3. 登记

《证券法》第一百二十八条第二款规定，“证券公司设立申请获得批准的，申请人应当在规定的期限内向公司登记机关申请设立登记，领取营业执照。”按《证券公司监督管理条例》规定，公司登记机关应当依照法律、行政法规的规定，凭国务院证券监督管理机构的批准文件，办理证券公司及其境内分支机构的设立、变更、注销登记。

4. 营业许可

《证券法》第一百二十八条第三款规定，"证券公司应当自领取营业执照之日起十五日内，向国务院证券监督管理机构申请经营证券业务许可证。未取得经营证券业务许可证，证券公司不得经营证券业务。"

二、证券公司开展业务及遵守规则

《证券法》第一百二十二条规定，"设立证券公司，必须经国务院证券监督管理机构审查批准。未经国务院证券监督管理机构批准，任何单位和个人不得经营证券业务。"为明确证券公司业务范围审批的有关事项，中国证监会于2008年发布了《证券公司业务范围审批暂行规定》。

根据《证券法》第一百二十五条规定，"经国务院证券监督管理机构批准，证券公司可以经营下列部分或者全部业务：①证券经纪；②证券投资咨询；③与证券交易、证券投资活动有关的财务顾问；④证券承销与保荐；⑤证券自营；⑥证券资产管理；⑦其他证券业务。"按照国务院办公厅《关于严厉打击非法发行股票和非法经营证券业务有关问题的通知》，股票承销、经纪（代理买卖）、证券投资咨询等证券业务由中国证监会依法批准设立的证券机构经营，未经中国证监会批准，其他任何机构和个人不得经营证券业务。

依《证券法》第十二条规定，证券公司设立时，其业务范围应当与其财务状况、内部控制制度、合规制度和人力资源状况相适应；证券公司在经营过程中，经其申请，国务院证券监督管理机构可以根据其财务状况、内部控制水平、合规程度、高级管理人员业务管理能力、专业人员数量，对其业务范围进行调整。

《证券公司监督管理条例》第二十六条规定，两个以上的证券公司受同一单位、个人控制或者相互之间存在控制关系的，不得经营相同的证券业务，但国务院证券监督管理机构另有规定的除外。

证券公司应当遵循必要的规则，规范证券公司的行为，保护投资者的权益，维护证券市场秩序。

（一）证券经纪业务

经典实例 

经审理查明：2001年1月17日，上诉人易宗婷将其40万元资金从广发证券重庆科园一路营业部转至平安证券有限责任公司重庆八一路证券营业部双碑证券服务部。随后，易宗婷又在双碑服务部开立了CQ1132758的资金账户并在该服务部进行股票交易。易宗婷在双碑服务部交易之初，由该服务部员工高某代理其进行股票交易，后期由庞某某代为操作。易宗婷自将40万元资金转至双碑服务部至2004年6月9日，其账户上共亏损资金315628.17元，而双碑服务部则收取了易宗婷53067.83元交易手续费。

2004年6月，易宗婷等客户向有关部门投诉庞某某。庞某某在接受八一路营业部的调查时承认，曾向易宗婷承诺过帮助其恢复原有的股票市值。

2004年8月，易宗婷向一审法院提起诉讼，请求判令八一路营业部返还交易手续费53067.83元，赔偿经济损失315628.17元。

一审法院认为：按照法律的规定，证券从业人员接受股民委托进行股票交易系禁止行为。易宗婷委托八一路营业部的从业人员高某、经理庞某某为其进行股票交易，违反了法律法规的禁止性规定。易宗婷没有证据证明高某、庞某某的行为获得了八一路营业部的授权或认可。高某、庞某某的行为不能确认是代表八一路营业部的职务行为。易宗婷要求八一路营业部赔偿经济损失的诉讼请求既不符合法律规定，又缺乏事实和证据，法院不予支持。关于易宗婷要求返还手续费的问题，根据有关证券交易规则，进行股票交易应当支付交易手续费，易宗婷要求返还手续费的诉讼请求，与证券交易规则不符，法院不予支持。判决驳回易宗婷的诉讼请求。

一审法院宣判后，易宗婷不服，提起上诉。

二审法院认为：易宗婷在同意到双碑服务部开户后，又与被上诉人八一路营业部签订了书面的协议，这表明，接受易宗婷的交易委托是单位的行为。在单位签订合同的场合，将经办人的行为信为履行职务是有充分理由的。况且庞某某是双碑服务部的负责人，其接受易宗婷委托代理股票交易又未超出双碑服务部的经营范围，因此庞某某的行为理应属于履行职务的行为，应由双碑服务部并最终由八一路营业部承担后果。易宗婷与双碑服务部关于全权委托庞某某代理股票交易和承诺保本盈利的约定虽系自愿协商所达成，但根据《证券法》（1998 年）第一百四十二条和第一百四十三条“证券公司办理经纪业务，不得接受客户的全权委托而决定证券买卖、选择证券种类、决定买卖数量或者买卖价格”和“证券公司不得以任何方式对客户证券买卖的收益或者赔偿证券买卖的损失作出承诺”的规定，约定的内容违反了《证券法》的强制性规定，应属无效。易宗婷与双碑服务部对约定内容的无效均有一定的过错。双碑服务部作为专业的证券机构，对《证券法》的相关规定应当比易宗婷有更深的了解，因而其过错责任较大，易宗婷的过错责任较小。对双方过错责任的界定，法院根据案件的事实，酌情决定易宗婷和八一路营业部按 3 : 7 的比例划分，因协议无效所带来的经济损失也按该比例进行分担。由于股票交易的特殊性，股票交易委托协议的无效并不导致交易行为的无效，因此，易宗婷的经济损失只限于其资金损失，不应包括交易手续费。双方共同认可的资金损失是 315628.17 元，应由八一路营业部承担该损失 70% 的赔偿责任。易宗婷的诉讼请求部分成立。一审法院判决基本事实清楚，但在庞某某等人的行为性质方面定性有误，且适用法律不当，判决错误，应予改判。

【提示】1998 年《证券法》第一百四十二条和第一百四十三条已被修改为《证券法》（2005 年发布）第一百四十三条和第一百四十四条。第一百四十三条规定：证券公司办理经纪业务，不得接受客户的全权委托而决定证券买卖、选择证券种类、决定买卖数量或者买卖价格。第一百四十四条规定：证券公司不得以任何方式对客户证券买卖的收益或者赔偿证券买卖的损失做出承诺。

证券经纪业务，是指证券公司根据投资者的指令，以投资者的名义和账户买卖证券或进行其他证券投资活动。在此业务中，投资者与证券公司之间属于委托。投资者向证券公司发出证券交易指令，证券公司必须严格按照投资者的有效指令办理证券买卖业务，不得独立做出意思表示。证券公司收取必要的佣金和手续费，承担因违反指令而给投资者造成的损失。交易后果与其他风险由投资者承担。

根据《证券法》《证券公司监督管理条例》以及中国证监会 2009 年发布的《证券经纪人管理暂行规定》，在证券经纪业务中，证券公司必须承担如下义务。

1. 善管义务

在证券经纪活动中，证券公司应当履行告知义务，揭示证券买卖风险；应当忠实于投资者，必须以投资者利益作为处理客户委托的唯一依据；应当具备与所从事的投资行为相应的技能；应当做到必要注意，即对投资对象的安全性与收益性进行调查，必要时应当征求专家意见；应当谨慎行事，尽量避免投机。证券公司对在执行指令中的错误承担责任。证券公司因强行平仓而侵害客户证券所有权的，应当承担责任。证券公司应当置备和保存委托书。《证券法》第一百四十条规定，“证券公司办理经纪业务，应当置备统一制定的证券买卖委托书，供委托人使用。采取其他委托方式的，必须做出委托记录。客户的证券买卖委托，不论是否成交，其委托记录应当按照规定的期限，保存于证券公司。”证券公司应当按照法规、规则和委托书执行委托指令并报告执行情况。《证券法》第一百四十一条规定：证券公司接受证券买卖的委托，应当根据委托书载明的证券名称、买卖数量、出价方式、价格幅度等，按照交易规则代理买卖证券，如实进行交易记录；买卖成交后，应当按照规定制作买卖成交报告单交付客户。

2. 禁止违法受托

（1）证券公司不得全权受托。《证券法》第一百四十三条规定，“证券公司办理经纪业务，不得接受客户的全权委托而决定证券买卖、选择证券种类、决定买卖数量或者买卖价格。”所谓全权委托，是指由证券公司而非投资者做出证券买卖的决定。全权委托，证券公司拥有很大的自主权，能够凭借自身的优势，比较有效地创造成交机会。但是，证券公司也可能利用全权委托，与自己持有的证券进行对冲，损害投资者利益。证券公司还可能收集众多全权委托，利用持有大量资金或证券，操纵证券市场。由于全权委托风险和危害很大，因而受到法律禁止。不过，证券公司为客户管理资产的业务实际上是全权委托。证券投资基金也是一种全权委托。在此附带指出，投资者全权委托证券公司以外的人代为管理自己的证券交易账户也是合法的。当然这不受《证券法》调整。

（2）证券公司不得进行利益承诺。《证券法》第一百四十四条规定，“证券公司不得以任何方式对客户证券买卖的收益或者赔偿证券买卖的损失做出承诺。”利益承诺可能诱发投机，也给其他客户和证券公司带来不公，理应受到禁止。

（3）证券公司不得私下受托。《证券法》第一百四十五条规定，“证券公司及其从业人员不得未经过其依法设立的营业场所私下接受客户委托买卖证券。”禁止私下受托是为了将证券买卖置于政府监管和自律监管之下，避免内幕交易等不当行为，确保落实公开、公平、公正原则。

（4）证券公司不得违反《证券法》第七十九条所列的禁止从事各类欺诈行为的规定。

（二）证券自营业务

证券自营业务是指证券公司作为投资者，以自有的资金和自己的名义买卖依法公开发行的股票、债券、权证、证券投资基金或者国务院证券监督管理机构认可的其他证券，自己享有全部利益，自己承担全部风险。

按《证券公司监督管理条例》第四十三条规定，证券公司从事证券自营业务，不得有下列行为。

（1）违反规定购买本证券公司控股股东或者与本证券公司有其他重大利害关系的发行人发行的证券。

（2）违反规定委托他人代为买卖证券。

（3）利用内幕信息买卖证券或者操纵证券市场。

（4）法律、行政法规或者国务院证券监督管理机构禁止的其他行为。

（三）证券资产管理业务

经典实例 

王某、李某分别于2011年9月、2012年5月与某证券营业部签订《证券经纪业务协议书》，其后李某授权王某负责其账户操作。由于账户资金巨大，王某授权证券营业部职员丁某管理自己的账户和李某账户，丁某设立了交易密码，由王某向丁某下达交易指令，丁某按王某指令通过股票买卖和资金转账的方式进行交易。后王某发现，在没有其交易指令时，账户内仍经常发生大额的对敲交易。王某、李某认为，丁某为获取奖金在自己账户内进行了大量的对敲交易，造成了巨额印花税与交易手续费支出，遂向法院起诉，要求其雇主某证券公司营业部赔偿两人损失共计一千七百余万元。该证券营业部认为丁某私自接受客户全权委托进行证券交易的行为，违反了法律规定及公司内部规章，属于个人行为而非职务行为。王某、李某对于丁某的违法行为是明知的，证券营业部对其损失不应承担责任。

北京市第一中级人民法院认为：《证券法》第一百四十六条规定，“证券公司的从业人员在证券交易活动中，执行所属的证券公司的指令或者利用职务违反交易规则的，由所属的证券公司承担全部责任”，第一百四十三条规定，“证券公司办理经纪业务，不得接受客户的全权委托而决定证券买卖、选择证券种类、决定买卖数量或者买卖价格。”该法条中规定的全权委托是指客户出于投资获利的愿望，在委托证券公司代其买卖证券时，对证券的买进或卖出，或者买卖证券的种类、数量、价格不加任何限制，完全由证券公司代为决定。证券营业部职员丁某的职责范围不包括掌握客户交易密码、操作客户账户，证券营业部也没有授意丁某从事上述行为，丁某的行为不能代表证券公司的意志，所以，丁某代客理财不是职务行为。

证券公司制定的《证券交易委托代理协议书》和风险提示书等一系列文件，告知了客户证券营业员的业务范围，提示了客户相关风险及注意事项，已尽到相关义务，王某、李某应明知丁某是违规代客理财。法院判决驳回王某、李某的诉讼请求。

经典实例

法院审理查明：2006 年 12 月 18 日，原告谢某与被告黄某签订了一份《合作投资协议》。签约后，谢某依约对账户进行了操作。从 2006 年 12 月 20 日至 2007 年 6 月 13 日，谢某累计进行了 288 次各种基金和股票的买入与卖出交易。2007 年 6 月 15 日下午 15 时 10 分 26 秒，上述证券账户交易密码被账户所有人胡某修改，导致谢某无法再进行交易操作。当日下午收市时，上述证券账户的资金余额为 1436.61 元，证券余额为：中铁二局，744636 股；苏州高新，61600 股；吉林敖东，63800 股。2007 年 6 月 21 日，黄某向谢某支付了人民币 50 万元。后双方因利润分配问题无法协商一致，谢某遂于 2007 年 7 月 4 日将委托方黄某和账户所有人胡某诉至东莞市人民法院，请求判令两被告立即支付利润分成 233.2 万元及延期付款违约金，共计 234.476 8 万元。

另查明：胡某于 2006 年 7 月 7 日到东莞证券开立了涉案证券交易账户，并设置了交易密码，此后直到 2007 年 6 月 15 日才对交易密码进行修改。期间账户内除了黄某、谢某签约时的现金余额 1000 万元外均无资金转入。

法院还查明：2007 年 6 月 18 日，中铁二局的最高价为 18.86 元，最低价为 17.30 元，收市价为 18.50 元；苏州高新最高价为 15.23 元，最低价为 14.11 元，收市价为 14.94 元；吉林敖东最高价为 71.50 元，最低价为 65.50 元，收市价为 69.50 元。

东莞市人民法院一审认为，两被告应连带承担付款义务。

宣判后，谢某、黄某、胡某均不服，提出上诉。

东莞市中级人民法院二审判决认为：上述《合作投资协议》合法有效。黄某和胡某擅自修改交易密码是为了自己的利益不正当地阻止条件成就，显属违约行为，理应承担违约责任。合作账户股票应当以 2007 年 6 月 18 日的最高价计算，共计 1954.3703 万元，扣除交易费用和 1000 万元投资后实际盈利为 942.4486 万元。根据协议约定，谢某可分配其中的 30% 即 282.7345 万元，扣除黄某已支付的 50 万元后，黄某仍须向谢某支付 232.7345 万元。因黄某的转委托行为事前未经过胡某的认可，事后也未能得到胡某的追认，胡某无须承担支付上述盈利的责任。

证券资产管理，又称委托理财，是指证券公司与客户签订合同，客户将其资金、证券等金融性资产委托给证券公司，由证券公司对资产进行管理，决定具体投资事项，并依约支付给客户一定比例收益。证券资产管理可能构成《证券法》第一百四十三条所禁止的全权委托，但《证券法》第一百二十五条又规定：经国务院证券监督管理机构批准，证券公司可以经营证券资产管理业务。2008 年《证券公司监督管理条例》确认证券公司有权从事证券资产管理业务。此外，中国证监会颁布了《证券公司客户资产管理业务试行办法》（2003 年）、《关于证券公司开展集合资产管理业务有关问题的通知》（2004 年，已废止）、《证券公司定向资产管理业务实施细则（试行）》（2008 年），以规范证券公司客户资产管理业务。

《证券公司监督管理条例》第四十五条规定，证券公司可以依照《证券法》和本条例的规定，从事接受客户的委托、使用客户资产进行投资的证券资产管理业务。投资所产生的收益由客户享有，损失由客户承担，证券公司可以按照约定收取管理费用。

《证券公司客户资产管理业务试行办法》规定，经中国证监会批准，证券公司可以从事下列客户资产管理业务。

（1）为单一客户办理定向资产管理业务。

（2）为多个客户办理集合资产管理业务。

（3）为客户办理特定目的的专项资产管理业务。

《证券公司监督管理条例》第四十六条规定，证券公司从事证券资产管理业务，不得有下列行为。

（1）向客户做出保证其资产本金不受损失或者保证其取得最低收益的承诺。

（2）接受一个客户的单笔委托资产价值，低于国务院证券监督管理机构规定的最低限额。

（3）使用客户资产进行不必要的证券交易。

（4）在证券自营账户与证券资产管理账户之间或者不同的证券资产管理账户之间进行交易，且无充分证据证明已依法实现有效隔离。

（5）法律、行政法规或者国务院证券监督管理机构禁止的其他行为。

证券公司从事证券资产管理业务，应当与客户签订证券资产管理合同，约定投资范围、投资比例、管理期限及管理费用等事项。证券资产管理合同，不得约定保底条款，即向客户做出保证其资产本金不受损失或者保证其取得最低收益的承诺。如有约定，该条款以及合同效力如何？一般认为，承诺的收益率，在银行活期存款利率范围内的有效，超过部分无效。至于合同的性质，如果约定本息保底，超额归托管人的，证券资产管理合同实已转变为借贷合同。

证券公司从事证券资产管理业务，应当将客户的委托资产交由指定商业银行或者国务院证券监督管理机构认可的其他资产托管机构托管。资产托管机构应当按照国务院证券监督管理机构的规定和证券资产管理合同的约定，履行安全保管客户的委托资产、办理资金收付事项、监督证券公司投资行为等职责。

关于信息披露，《证券公司客户资产管理业务试行办法》规定：证券公司应当向客户如实披露其客户资产管理业务资质、管理能力和业绩等情况，并应当充分揭示市场风险，证券公司因丧失客户资产管理业务资格给客户带来的法律风险，以及其他投资风险。证券公司向客户介绍投资收益预期时，必须遵守诚信原则，提供充分、合理的依据，并以书面方式特别声明，“所述预期仅供客户参考，不构成证券公司保证客户资产本金不受损失或者取得最低投资收益的承诺”。证券公司及其他推广机构应当采取有效措施使客户详尽了解集合资产管理计划的特性、风险等情况及客户的权利、义务，但不得通过广播、电视、报刊及其他公共媒体推广集合资产管理计划。证券公司应当至少每三个月向客户提供一次准确、完整的资产管理报告，对报告期内客户资产的配置状况、价值变动等情况做出详细说明。证券公司应当保证客户能够按照资产管理合同约定的时间和方式查询客户资产配置状况等信息。发生资产管理合同约定的、可能影响客户利益的重大事项时，证券公司应当及时告知客户。

《证券公司客户资产管理业务试行办法》规定：证券公司从事客户资产管理业务，必须向中国证监会申请客户资产管理业务资格。取得资格的证券公司只能办理定向资产管理业务。办理集合资产管理业务或专项资产管理业务，还须向中国证监会提出逐项申请。

鉴于集合资产管理涉及人数众多的特点，《证券公司客户资产管理业务试行办法》对其做了特别规定。中国证监会还专门出台《关于证券公司开展集合资产管理业务有关问题的通知》对其进行规范，内容包括：内控制度，推广安排，投资风险承担和证券公司资金参与，登记、托管与结算，投资组合，流动性要求，信息披露等。

在信息披露方面，《关于证券公司开展集合资产管理业务有关问题的通知》要求，集合资产管理计划开始投资运作后，证券公司、托管银行应当至少每三个月向客户提供一次集合资产管理计划的管理报告和托管报告，并报中国证监会及注册地中国证监会派出机构备案。证券公司应当按照上述试行办法的规定对集合资产管理计划的运营情况单独进行年度审计，将审计意见提供给客户和托管银行，并报中国证监会及注册地中国证监会派出机构备案。集合资产管理计划运作过程中，发生变更投资主办人员、变更代理推广机构巨额退出或出现其他可能对集合资产管理计划的持续运作产生重大影响的情形的，证券公司应当及时将有关情况向中国证监会和注册地中国证监会派出机构报告，并向客户披露。

《证券公司客户资产管理业务试行办法》规定：证券公司办理集合资产管理业务，设立集合资产管理计划，除应具备该办法第十七条规定的条件并取得客户资产管理业务资格外，还应当符合下列要求。

（1）具有健全的法人治理结构、完善的内部控制和风险管理制度，并得到有效执行。

（2）设立限定性集合资产管理计划的，净资本不低于人民币三亿元；设立非限定性集合资产管理计划的，净资本不低于人民币五亿元。

（3）最近一年不存在挪用客户交易结算资金等客户资产的情形。

（4）中国证监会规定的其他条件。证券公司设立限定性集合资产管理计划，应当事先报中国证监会备案；设立非限定性集合资产管理计划，应当报经中国证监会批准。

（四）融资融券业务

经典实例 

自2000年起，辽宁证券沈阳岐山中路营业部等十个营业部采取“红字冲正”、“蓝字补正”、现金存款、资金内转、允许透支及增加可用资金额度等方式向客户非法融资。截至2005年12月，辽宁证券沈阳岐山中路营业部等十个营业部共计向客户提供了71笔非法融资，合计金额174145900元，收取利息647506.50元。

上述行为违反了1998年《证券法》第三十六条有关证券公司不得从事向客户融资或者融券的证券交易活动以及第一百四十一条有关证券公司不得为客户融资交易的禁止性规定，构成了1998年《证券法》第一百八十六条所述证券公司为客户提供融资交易的行为。

【提示】1998年《证券法》第三十六条已被删除，第一百四十一条则被修改为现行《证券法》第一百四十二条。第一百四十二条规定：证券公司为客户买卖证券提供融资融券服务，应当按照国务院的规定并经国务院证券监督管理机构批准。1998年《证券法》第一百八十六条已被修改为现行《证券法》第二百零五条。

融资融券业务是指在证券交易所或者国务院批准的其他证券交易场所进行的证券交易中，证券公司向客户出借资金供其买入证券或者出借证券供其卖出，并由客户交存相应担保物的经营活动。

《证券法》第一百四十二条规定：证券公司为客户买卖证券提供融资融券服务，应当按照国务院的规定并经国务院证券监督管理机构批准。《证券公司监督管理条例》第四十九条规定：证券公司经营融资融券业务，应当具备条例规定的条件。《证券公司监督管理条例》第五十条规定：证券公司从事融资融券业务，应当与客户签订融资融券合同，并按照国务院证券监督管理机构的规定，以证券公司的名义在证券登记结算机构开立客户证券担保账户，在指定商业银行开立客户资金担保账户。《证券公司监督管理条例》第五十一条规定：证券公司向客户融资，应当使用自有资金或者依法筹集的资金；向客户融券，应当使用自有证券或者依法取得处分权的证券。《证券公司监督管理条例》第五十二条规定：证券公司向客户融资融券时，客户应当交存一定比例的保证金。保证金可以用证券冲抵。客户交存的保证金以及通过融资融券交易买入的全部证券和卖出证券所得的全部资金，均为对证券公司的担保物，应当存入证券公司客户证券担保账户或者客户资金担保账户并记入该客户授信账户。《证券公司监督管理条例》第五十三条规定：客户证券担保账户内的证券和客户资金担保账户内的资金为信托财产；证券公司不得违背受托义务侵占客户担保账户内的证券或者资金。《证券公司监督管理条例》第五十四条规定：证券公司应当逐日计算客户担保物价值与其债务的比例。当该比例低于规定的最低维持担保比例时，证券公司应当通知客户在一定的期限内补交差额。客户未能按期交足差额，或者到期未偿还融资融券债务的，证券公司应当立即按照约定处分其担保物。

（五）投资咨询业务

投资咨询是指证券公司根据客户的要求或委托，向投资者提供证券投资的信息、分析、预测或建议，并向投资者收取费用。中国证监会正在研究推动证券咨询公司向财务顾问等业务方向转型。

（六）财务顾问业务

财务顾问是指证券公司根据客户的委托，为其证券交易和证券投资提供方案设计等服务，并向其收取顾问费用。证券公司在此范围内从事财务顾问服务，受《证券法》调整。在此范围内，证券公司不能代替会计、审计等其他专业机构的专业活动。

三、证券公司的变更

证券公司的变更是指证券公司名称、住所、业务范围、注册资本、组织形态产生变化，以及证券公司发生分立、合并。证券公司的变更，有的事项无须核准，有的则需要核准。《证券法》第一百二十九条规定：证券公司设立、收购或者撤销分支机构，变更业务范围或者注册资本，变更持有百分之五以上股权的股东、实际控制人，变更公司章程中的重要条款，合并、分立、变更公司形式、停业、解散、破产，必须经国务院证券监督管理机构批准。证券公司在境外设立、收购或者参股证券经营机构，必须经国务院证券监督管理机构批准。

另据《证券公司监督管理条例》第十三条规定，证券公司变更注册资本、业务范围、公司形式或者公司章程中的重要条款，合并、分立，设立、收购或者撤销境内分支机构，变更境内分支机构的营业场所，在境外设立、收购、参股证券经营机构，应当经国务院证券监督管理机构批准。

四、证券公司的终止

证券公司的终止是指证券公司法人资格的消灭。证券公司终止的原因有自愿解散、破产和强制解散。

对于证券公司的强制解散，《证券法》做了规定。其第二百一十七条规定：证券公司成立后，无正当理由超过三个月未开始营业的，或者开业后自行停业连续三个月以上的，由公司登记机关吊销其公司营业执照。第一百五十三条规定：证券公司违法经营或者出现重大风险，严重危害证券市场秩序、损害投资者利益的，国务院证券监督管理机构可以对该证券公司采取责令停业整顿、指定其他机构托管、接管或者撤销等监管措施。第二百一十一条规定：证券公司、证券登记结算机构挪用客户的资金或者证券，或者未经客户的委托，擅自为客户买卖证券，情节严重的，责令关闭。第二百一十九条规定:证券公司违反该法规定，超出业务许可范围经营证券业务，情节严重的，责令关闭。另外，自2004年以来，中国多家证券公司因为经营不善被中国证监会关闭或者托管。

关于自愿解散，《证券法》没有专门规定，似只能适用《公司法》。证券公司的破产似应适用《企业破产法》。但是，证券公司停业、自愿解散和破产，都需要经过国务院证券监督管理机构批准，并按照有关规定安置客户、处理未了结的业务。此即所谓行政处理前置。

但是，2008年之前，并无法律具体规定采取这些措施的条件和程序等。实践中，首先是阻止证券公司的各类债权人单独行动，然后，将客户、客户资产以及相关证券业务转移给其他证券经营机构，收购证券公司的个人债权及客户交易结算资金。2004年中国人民银行、财政部、中国银行业监督管理委员会、中国证券监督管理委员会联合发布《个人债权及客户证券交易结算资金收购意见》，提出在存款保险和证券投资者保护制度建立之前，按照“依法清偿、适当收购”的原则处理停业整顿、托管经营、被撤销金融机构（不包括期货经纪公司、保险公司）中的个人债权及客户证券交易结算资金问题。

为了控制和化解证券公司风险，保护投资者合法权益和社会公共利益，保障证券业健康发展，2008年国务院颁布《证券公司风险处置条例》。该条例对停业整顿、托管、接管、行政重组、撤销、破产清算和重整、监督协调、法律责任等做了具体规定。

证券公司停止全部证券业务、解散、破产或者撤销境内分支机构的，应当在国务院证券监督管理机构指定的报刊上公告，并按照规定将经营证券业务许可证交国务院证券监督管理机构注销。

建立完善的证券公司退出机制，对于保护客户和债权人利益，对于维护证券市场秩序都具有重要的意义。

任务五　证券登记结算机构的设立与运营

证券登记结算机构是指为证券的发行和交易活动办理证券登记、存管、结算业务的中介服务机构。证券登记结算机构为证券交易提供集中的登记、托管与结算服务，是不以营利为目的的法人。设立证券登记结算机构必须经国务院证券监督管理机构批准。

一、具备设立证券登记结算机构条件

证券登记结算机构是具有法定职能的机构，必须具有与之相适应的设立条件。设立证券登记结算机构，应当具备下列条件。

1. 自有资金不少于人民币二亿元

由于提供服务需要有相当水平的物质基础，也就是要有雄厚的资金条件，设置服务场所和购置设施，以及有可供支配的日常使用的资金。

2. 具有证券登记、托管和结算服务所必需的场所和设施

提供这三方面的服务都要求有与之相适应的场所和设施，也就是要有必备的物质条件，没

有这种必备的条件就不能设立这种服务机构。

3. 主要管理人员和业务人员具有证券从业资格

在一个提供特定服务的机构中，管理人员和从业人员的条件尤其重要，因此本条规定必须具有证券从业资格，这个资格的认定是由国务院证券监督管理机构制定办法并监督实施的。按照现行的规定有基本条件和必备条件两方面的要求。

4. 具备国务院证券监督管理机构规定的其他条件

对于证券登记结算机构的设立，除了上述三项条件之外，国务院证券监督管理机构还可以规定其他的条件。因为上述三项条件仅是主要条件，还有必要规定其他条件，所以在法律上做出授权的规定。

证券登记结算机构的名称中应当标明证券登记结算字样。究其立法目的，一是便于辨认；二是防止其他机构使用同样或类似名称造成混乱，更要防止利用这个名称进行欺诈或误导社会公众。

二、证券登记结算机构运营

证券登记结算机构履行下列职能。

1. 设立证券账户和结算账户

设立证券账户和结算账户是专门为投资者买卖证券而设立的，证券账户用于记录投资者的买卖证券情况，结算账户的作用在于证券交易中为买卖双方清算交收服务。证券公司在证券登记结算机构设立账户，实际上就是证券公司与证券登记结算机构建立了一种服务的关系，证券登记结算机构为证券公司提供证券交易的有关服务。

2. 托管和过户证券

托管是证券持有人将其所持有的证券委托证券登记结算机构保管，这样便于交易结算，也比较安全。过户是根据证券交易清算交收的结果，将证券持有人持有证券的事实记录下来，将一个所有者账户上的证券转移到另一个所有者账户上，这种转移是股权、债权的一种转移，它由证券登记结算机构经办。

3. 登记证券持有人名册

由证券登记结算机构进行股权、债权登记，根据证券交易中结算、交收、过户的结果进行，这种登记是确定投资者的权利，并形成了证券持有人名册。

4. 清算和交收证券交易所的上市证券交易

清算和交收证券交易所的上市证券交易是在实际履行交易双方的责任，完成一方交付证券，另一方支付价款的过程，这样证券交易才能完成，下一步的交易才能开始并继续。

5. 受发行人的委托派发证券权益

一般来说，证券在发行后上市交易，在投资者之间流动，发行人再难以掌握哪些人持有证券，但是要向股东派发权益，或者向债权人支付利息，最好的办法就是委托证券登记结算机构依据证券持有人登记名册派发，可以做到准确、便捷，有利于保护投资者利益。

6. 办理与上述业务有关的查询

与上述业务有关的事项是合理的，即是相关业务的延伸，是又一项法定的职能。

7. 从事国务院证券监督管理机构批准的其他业务

除了上述六项业务外，还会有一些是证券登记结算机构可以提供的服务，但它需要经过国务院证券监督管理机构的批准。例如，股票锁定、上述证券质押登记、非上市证券登记结算、跨国结算等。

任务六 认识证券服务机构

经典实例

2009年11月25日，安信信托投资股份有限公司与上海中静实业（集团）有限公司签署《股权转让协议》，约定安信信托将所持的2502万股鹏华基金管理有限公司的股权作价9007.2万元转让给中静公司，中静公司首批支付不低于6000万元的转让价款，余款于中国证监会批准本次转让后支付。2000年12月31日，安信信托收到中静公司支付的股权转让款500万元。2010年1月4日至6日，公司又陆续收到中静公司支付的股权转让款人民币5000万元。2010年4月21日，安信信托公告2009年年报，公司将全部鹏华基金股权转让款90072000.00元确认为当年收入，并据此确认了转让收益65052000.00元。

财政部《关于执行（企业会计制度）和相关会计准则有关问题解答》（财会〔2002〕18号，以下简称《解答》）规定，确认股权转让收益的条件包括以下五点："出售协议已获股东大会（或股东会）批准通过；与购买方已办理必要的财产交接手续；已取得购买价款的大部分（一般应超过50%）；企业已不能再从所持的股权中获得利益和承担风险；如果有关股权转让需要经过国家有关部门批准，则股权转让收益只有在满足上述条件并且取得国家有关部门的批准文件时才能确认。"《证券投资基金管理公司管理办法》第17条规定，"基金管理公司变更下列重大事项，应当报中国证监会批准：(一）变更股东、注册资本或者股东出资比例"。安信信托截至2009年12月31日仅收到中静公司的股权转让款500万元，截至年报公布日，鹏华基金股权转让一事仅收到中国证监会受理其股权转让申报材料的通知书，并未获得中国证监会的批准，不符合确认收益的条件。安信信托违反规定将鹏华基金股权转让款90072000.00元确认为当年收入，虚增了公司2004年度投资收益6505220.00元，使其当年利润由亏损变为赢利。如果将该项鹏华基金股权转让收益予以剔除，调整后，安信信托2009年年度净利润由赢利7604613.08元转为亏损56936954.92元，2008年、2009年公司连续两年亏损。

安信信托2009年年报审计机构北京天华会计师事务所在审计2009年年报时，关注到上述情况，但仍出具了标准无保留意见的审计报告。上述行为违反了"证券服务机构为证券的发行、上市、交易等证券业务活动制作、出具审计报告、资产评估报告、财务顾问报告、资信评级报告或者法律意见书等文件，应当勤勉尽责，对所依据的文件资料内容的真实性、准确性、完整性进行核查和验证"的规定。签字注册会计师夏执东和张福建负有直接责任。根据当事人违法行为的事实、性质、情节与社会危害程度，证监会决定对天华所处以20万元罚款，对夏执东、张福建给予警告。

一、证券服务机构的概念

证券服务机构是指为证券发行、交易及其他相关活动提供专门服务的社会中介机构，主要包括专业的投资咨询机构、财务顾问机构、资信评级机构、资产评估机构、会计师事务所和律师事务所等。

证券服务机构是以营利为目的的公司或合伙组织，其宗旨在于谋取自身的商业利益。

它们不同于证券交易所和证券登记结算机构，因为后二者为非营利法人；证券服务机构可以直接面向公众投资者，为其提供证券服务，这也不同于证券交易所和证券登记结算机构，后二者并不直接与投资者发生法律关系。证券服务机构也不同于证券公司。根据《证券法》规定，证券公司也可从事证券投资咨询业务，但证券公司业务范围的扩展并没有改变其证券承销、经纪和自营业务作为核心业务的地位。而证券投资咨询机构则以投资咨询为主要营业，其他证券服务机构也分别以其各自的专业服务作为主要业务，较少出现业务交叉的情况。

证券服务机构通过向发行人发行证券和投资者提供各种规范化的专业服务，使得整个证券市场能够正常运转，同时也为投资者、发行公司和上市公司等证券市场主体理性化、规范化的证券活动创造了条件。证券服务机构跟证券公司或投资银行一样，都是发行人或上市公司的信誉中介。它们对于证券信息的专业化调查、评估和保证，减少了信息处理、获得和证实的成本，便利了信息的广泛传播，有利于投资者获得信息做出决策。证券服务机构的出现是证券市场专业化的需要和社会分工的结果。

二、认识各类证券服务机构

（一）证券投资咨询机构

证券投资咨询机构是指向投资者或者客户提供证券投资分析、预测或者建议等咨询服务并直接或者间接收取一定费用的机构。其特点是，根据投资者的要求，运用基础分析和技术分析相结合的方法，通过收集大量信息资料并进行加工、整理，向投资者提供分析报告，为其投、融资决策提供参考建议。

证券投资咨询可以分为会员制投资咨询和面向公众的投资咨询。会员制业务是指证券投资咨询机构，通过电视、电台、网站等媒体或利用传真、短信、电子信箱、电话、软件等工具及营销手段，面向不特定投资者招揽会员或成员，提供证券投资信息、分析、预测或者咨询意见等专业服务，并取得咨询服务收入的证券投资咨询业务运作方式。

证券投资咨询机构的业务范围包括接受投资者或客户委托，提供证券投资咨询服务；举办有关证券投资咨询的讲座、报告会和分析会；在报刊上发表证券投资咨询的信息，以及在其他大众传媒上提供投资咨询服务；通过电信设备系统提供投资咨询服务。

证券投资咨询公司面临一些风险，即由于影响市场行情和个股价格变动因素的多维性和不确定性，以及分析预测方法和手段的局限性带来的市场预测风险；由于信息提供者提供信息的渠道、方式和范围不当，导致投资者对信息产生误解或信息使用不当而造成投资损失的咨询意见发布的风险；由于从业人员道德品质、业务能力、利益冲突引发的人员风险。

证券投资咨询机构的产生是证券市场正常发展的必然要求。其根本原因在于证券筹资和证券投资是一种技术性非常强的业务活动，客观上需要一个专门从事证券事务专业咨询的机构来帮助筹资者和投资者做出相应的业务判断。而且，证券市场存在信息不对称的状况，证券咨询机构的工作有助于纠正此种状况。

证券投资咨询机构于20世纪20年代出现在美国，随后在其他一些国家得到迅速发展。现在，美国的美林证券、高盛证券、摩根士丹利的证券分析享有世界声誉。中国的证券投资咨询业起步于20世纪80年代，发展较晚，但在诸如促进信息公开制度的贯彻和执行、分散化解市场风险、保护投资者利益等方面起到了积极的促进作用。中国的证券投资咨询业还不完善，主要表现为传播信息质量不高，业务不规范，服务方式有待改善，传播方式混乱，从业人员业务素质和职业道德亟待提高等。重要原因在于对证券投资咨询业缺乏有效的监管，缺乏强有力的行业自律。因此，加强对证券投资咨询业的监督管理就显得至关重要。

（二）财务顾问

财务顾问特指为企业资本运营提供战略和策略咨询的专业机构及其相关业务人员。

他们以专业知识、行业经验和信息资源为基础为客户提供在公司财务、项目融资、资本运作及其相关领域的专业咨询服务。

财务顾问是立足于企业长期的发展战略，以增强企业竞争力为核心，为企业制订长期的投、融资计划，合理的资本结构与股利分配政策并为企业进行兼并收购提供策划等。从风险控制的角度考虑，中介机构在承办财务顾问业务时，必须要保持必要的独立性，只有保持独立性，才能避免因出具非公正性财务顾问报告而引致的监管部门处罚和陷入法律诉讼纠纷之中的风险，财务顾问要避免为了争取业务而做出不公正的倾向性意见。

根据《上市公司收购管理办法》中对财务顾问的明确规定，凡是收购上市公司的，收购人均必须聘请财务顾问；涉及要约收购的，目标公司董事会必须聘请财务顾问；涉及协议收购的，独立董事也必须聘请独立财务顾问发表意见；甚至在涉及间接收购时，上市公司董事会也可以在“必要时聘请财务顾问”，对上市公司股东的实际控制人的变更进行查询。

（三）证券资信评级机构

证券资信评级是指对证券发行者的偿债能力和意愿及所发行的特定有价证券的质量和投资价值进行的综合评级，专门从事证券资信评级工作的机构即为证券资信评级机构。

建立资信评级制度的目的和作用在于揭示有关证券和企业信用程度与风险，方便投资者做出正确的投资判断和决策；促进发行证券的企业改善经营管理，提高自己的信誉；协助证券监管部门调控企业的投资范围，降低证券市场的投机成分，规定企业的资本充足率，监管企业的信息披露。

其开展的业务有：对发行债券企业进行资信评级；评定和公布各种有价证券的信用等级；评定和公布证券公司的信用等级；对股票发行与上市公司的有关材料进行验查和评估。

证券评级起源于美国。自1909年起至今，在该领域，美国形成了穆迪公司、标准普尔公司和费奇公司三足鼎立的局面。目前，世界上许多国家都设有专门的证券评级机构，这些机构往往在市场中具有很好的表现，满足了投资者对投资信息的需求，其资信评级结果经常被监管部门采纳，相应的其权威性得到提升。随着证券市场的发展，20世纪80年代末中国证券资信评级机构在政府推动下得以产生，并迅速成长为证券市场上不可或缺的中介机构。目前主要是对债券、基金、非银行金融机构以及工商企业进行评级。在企业债券、公司债券评级方面作用尤为明显。但是，中国证券资信评级机构在上市公司信用评定、发行公司的股票信用评级方面还不成熟，而且行政色彩较浓，独立性较差，其评级结果的市场认可程度不是很高。

（四）资产评估机构

资产评估机构是为公司资产价格进行评定和估算的法定机构。中国从事资产评估业务的机构既有专业的资产评估事务所，又有具有资产评估资格的会计师事务所等。设立资产评估机构的目的通常是为特定资产经营提供价值依据，其职责是为国有企业股份制改造、公司上市、上市公司制作年度报告、公司收购兼并、资产重组等业务活动提供资产评估报告。中国的资产评估机构执行业务不受行业限制，因此目前尚无专门的证券资产评估机构。

（五）会计师事务所

会计师事务所是依法设立并从事注册会计师业务的机构。会计师事务所的证券业务主要是：为股票的发行和上市出具各种报告，如发行公司近三年的财务报告、验资报告、经营业绩报告、盈利预测的审计报告等，均以两名以上的注册会计师及其所在事务所签字盖章方为有效；接受委托对上市公司董事会准备提交给股东会讨论表决的各种财务报表和利润分配方案进行审计和核查；接受委托、指定，对证券经营机构向中国人民银行提供的资产负债表、损益表和其他财务报表进行审计；接受委托对股票发行和交易机构的其他业务活动进行监督和咨询等。

注册会计师在证券市场上发挥着十分重要的作用。证券发行人和上市公司可以利用注册会计师的审计增强企业信息的公信力，投资者可以根据会计师审计的公开信息做出合理的投资决策。监管机构可以根据这些会计信息对发行人和上市公司进行监管。注册会计师的审计活动有助于防范证券发行和交易中的欺诈，增强投资者的信心和安全感，促进证券市场的健康发展。

（六）律师事务所

律师事务所从事证券服务业务的也属证券服务机构。证券法律业务的内容包括以下几个方面。

1. 为证券发行和上市活动出具法律意见书

该业务为检查申请人所附文件是否齐备、真实，公司筹备是否符合要求，章程有无明显瑕疵，股东结构及持股比例是否符合法律要求，资产评估、盈利预测是否合理，公司重大涉讼案件、未了结的案件可能会出现什么判决结果。

2. 审查、修改、制作与证券发行、上市和交易有关的法律文件

该业务包括审查、修改和制作公司章程、招股说明书、债券募集办法、上市申请书、上市公告书、重大事件公告书、证券承销协议书以及股东大会决议等。

3. 为证券承销活动出具验证笔录

中国证监会 1998 年 4 月 1 制定了《验证笔录的内容与格式（试行）》，根据该准则，主承销商从事 A 股承销工作，其所聘请的律师应当按照要求出具验证笔录。验证笔录是主承销商律师对招股说明书所述内容进行验证的记录。制作验证笔录的目的在于保证招股说明书的真实性、准确性。验证笔录是发行人向中国证监会申请公开发行股票所必须具备的法定文件之一。

4. 为公司并购重组提供法律服务等

律师在公司并购重组业务中根据具体情况可以提供以下法律服务：①为并购重组交易结构提供方案策划和咨询意见；②为并购重组提供尽职调查服务，提示法律风险以及策划方案防范法律风险；③参加并购重组的谈判、咨询，提供法律建议和意见；④起草、修改、审核并购重组所涉及的合同、协议等相关法律文件；⑤根据需要为并购重组提供法律意见；⑥协助办理交易的相关审批程序和登记程序；⑦跟踪指导交易的履行，及时提供法律意见支持；⑧为并购重组后的整合提供法律支持；⑨为并购重组中涉及的知识产权、税务、劳动人事等方面处置提供法律服务；⑩为不良债务和资产处置提供法律服务；⑪ 提供其他与并购重组相关的法律服务。

三、证券服务机构从业人员需具备的从业条件

《证券法》第一百七十条规定，投资咨询机构、财务顾问机构、资信评级机构从事证券服务业务的人员，必须具备证券专业知识和从事证券业务或者证券服务业务两年以上经验。认定其证券从业资格的标准和管理办法，由国务院证券监督管理机构制定。

根据《证券、期货投资咨询管理暂行办法》第十三条的规定，申请取得证券投资咨询从业资格的人员须具备下述条件：①具有中华人民共和国国籍；②具有完全民事行为能力；③品行良好、正直诚实，具有良好的职业道德；④未受过刑事处罚或者与证券业务有关的严重行政处罚；⑤具有大学本科以上学历；⑥证券投资咨询人员具有从事证券业务两年以上的经历；⑦通过中国证监会统一组织的证券从业资格考试；⑧中国证监会规定的其他条件。

四、证券服务机构及从业人员禁止从事行为

对证券服务机构及从业人员进行管理是证券市场监管的重要内容，世界各国证券监管机构，都制定了相关规定来规范证券投资咨询活动。例如，美国有专门的《投资顾问法》（The

Investment Adviser，ACT），要求大多数从事投资业务的公司和个人向证券交易委员会登记。我国的证券市场是一个新兴的且处于转轨阶段的市场，一方面，中小投资者占绝大多数，他们的专业投资知识和经验相对不足，再加上证券市场信息不对称的原因，迫切需要专业的证券服务机构为中小投资者提供服务；另一方面，加强对证券服务机构管理又是十分必要的，证券服务机构为证券发行、上市、交易提供服务质量的高低，在一定程度上影响投资者合法权益的实现与保护，甚至影响证券市场运行的秩序。因此，证券立法加强了对证券服务机构的管理，规范证券服务行为，以保障投资者的合法权益。

《证券法》第一百七十一条规定，投资咨询机构及其从业人员从事证券服务业务不得有下列行为。

（1）代理委托人从事证券投资。

作此规定有两个目的：一是防止证券投资咨询机构的从业人员和委托人联手操纵证券交易市场，扰乱证券市场秩序；二是保证证券投资咨询机构的人员尽职尽责地为委托人服务，更好地保护委托人的利益。

（2）与委托人约定分享证券投资收益或者分担证券投资损失。

其目的是减少委托人的投资风险，确保委托人和被委托人之间的正常委托与被委托之间的关系，保证服务与被服务的正当性。

（3）买卖本咨询机构提供服务的上市公司股票。

其目的是防止利用证券市场的内幕信息炒作证券市场，保证证券市场的公平性，防止给其他投资者带来不必要的损失。

（4）利用传播媒介或者通过其他方式提供、传播虚假或者误导投资者的信息。

本款为新《证券法》修订时所加，目的是为了防止证券投资咨询机构及其从业人员利用传播媒介或者通过其他方式提供、传播虚假或误导投资者的信息。

（5）法律、行政法规禁止的其他行为。

有上诉所列行为之一，给投资者造成损失的，依法承担赔偿责任。本款为兜底条款，由于证券市场的禁止行为很难一一列举，做出概括性规定，可以确保公平、公正。

五、证券服务机构的权利、义务与责任

（一）权利

《证券法》第一百七十二条规定：从事证券服务业务的投资咨询机构和资信评级机构，应当按照国务院有关主管部门规定的标准或者收费办法收取服务费用。

投资咨询机构和资信评级机构都是以营利为目的的经济组织，它们为客户提供服务，应当有权合法收取对等的服务费用。

（二）义务

根据《证券法》第一百七十三条规定，证券服务机构为证券的发行、上市、交易等证券业务活动制作、出具审计报告、资产评估报告、财务顾问报告、资信评级报告或者法律意见书等文件，应当勤勉尽责，对所依据的文件资料内容的真实性、准确性、完整性进行核查和验证。

1. 勤勉义务

证券服务机构在提供证券服务业务时应当忠实地履行自己的职责，不得有违法和违规行为。

2. 检查和验证义务

证券服务机构在提供证券服务时，应当建立核查和验证制度，对其制作、出具文件所依据

的文件资料内容的真实性、准确性、完整性进行核查和验证，防止和避免其制作、出具的文件有虚假记载、误导性陈述或者重大遗漏。

（三）责任

1. 民事责任

（1）损失赔偿责任。《证券法》第一百七十一条第二款对此做出了规定，投资咨询机构及其从业人员有前款所列行为之一，给投资者造成损失的，依法承担赔偿责任。

（2）过错推定责任。《证券法》第一百七十三条规定，证券服务机构制作、出具的文件有虚假记载、误导性陈述或者重大遗漏，给他人造成损失的，应当与发行人、上市公司承担连带赔偿责任，但是能够证明自己没有过错的除外。这里体现了过错推定责任，较旧法该条只规定了“连带责任”更加合理。

2. 行政责任

《证券法》第二百二十三条规定：证券服务机构未勤勉尽责，所制作、出具的文件有虚假记载、误导性陈述或者重大遗漏的，责令改正，没收业务收入，暂停或者撤销证券服务业务许可，并处以业务收入一倍以上五倍以下的罚款。对直接负责的主管人员和其他直接责任人员给予警告，撤销证券从业资格，并处以三万元以上十万元以下的罚款。

闯关考验

1. 根据证券法律制度的规定，证券投资咨询机构及其从业人员不得从事的证券服务业务的行为有（　　）。

A. 代理委托人从事证券投资

B. 与委托人约定分享证券投资收益

C. 买卖本咨询机构提供服务的上市公司股票

D. 利用传播媒介向投资者推荐上市公司股票

2. 根据证券法律制度的规定，某证券公司的下列行为中，符合规定的是（　　）。

A. 接受客户全权委托，代为决定客户账户的证券买卖

B. 为吸引客户，承诺在新客户开户6个月内赔偿客户证券买卖的所有损失

C. 将自营业务账户借给客户使用

D. 要求客户将交易资金存入指定商业银行，并以每个客户的名义单独立户管理

3. 根据证券法律制度的规定，证券公司同时经营证券自营和证券资产管理业务的，其注册资本最低限额为（　　）。

A. 人民币5000万元　　B. 人民币1亿元

C. 人民币5亿元　　D. 人民币10亿元

微语录

项目二

证券发行与承销法律实务

学习目标

- 掌握证券发行的概念、性质和基本分类
- 掌握证券承销制度，特别是证券承销方式的比较
- 重点掌握股票发行的条件和程序、债券发行的条件和程序

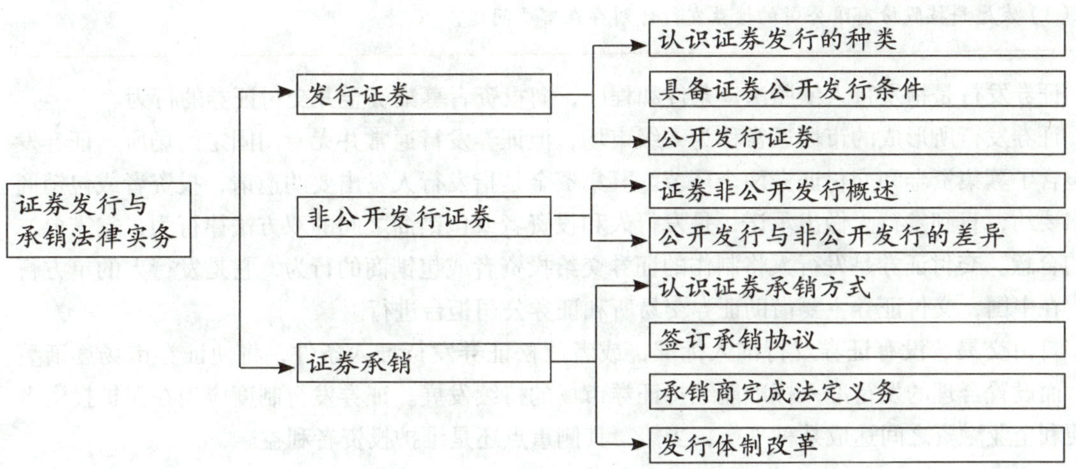

任务一 发行证券

经典实例

宏愿科技股份有限公司是通过发起设立的高科技公司，注册资本为4500万元人民币。2010年以前，公司持续亏损，致使净资产下降为2400万元人民币。近年来，由于市场逐渐成熟，而且经过适当的裁员与更换公司管理层，公司逐渐扭亏为盈，2010年、2011年两年度均盈利，公司净资产止跌为升，增至2800万元。为了抓住机遇，扩大规模，促进发展，2012年6月公司召开董事会。全体董事认为，公司目前最关键的策略是：充分利用好时机，开展资本运营，实现跳跃式发展，最终形成两项运作计划。拟报股东会审议决定。

A计划：上市及发行新股。拟发行新股6000万元，每股票面金额1元。为了顺利融资，其中3000万股为优先股：①允许优先股的购买者以0.95元的价格购买股票；②优先股股利为10%，公司书面保证支付；③优先股在股东会不享有表决权。其余3000万股为普通股份，为了多吸收资本金，准备以票面金额两倍的价格溢价发行，并将溢价收入款直接列入公司资本金。

B计划：发行债券。拟发行公司债券1000万元，为可转换为股票的公司债券，债券在5年之内必须全部转换为股票，并决定所募集资金全部用于弥补亏损。

问题：

（1）宏愿科技股份有限公司的新股发行计划存在哪些问题？

（2）宏愿科技股份有限公司若申请发行债券，能否得到批准？为什么？

（3）宏愿科技股份有限公司的债券发行计划存在哪些问题？

证券发行是指发行人依照法定条件和程序，向投资者募集资金并交付证券的行为。

证券发行所形成的市场通常称为一级市场，但证券发行通常并无专门固定的场所。证券发行包含了募集资金和交付证券两个环节。募集资金是指发行人发出要约邀请，投资者或包销商提出要约，直到发行人做出承诺，是发行人和投资者或包销商之间的双方法律行为，它需要二者的合意。交付证券是发行人将制作的证券交给投资者或包销商的行为，它是发行人的单方行为。在中国，交付证券主要借助证券交易所和证券公司柜台进行。

自由交易、没有证券发行准入标准，或者放松证券发行准入条件，将使证券市场逐渐萎缩。而设置合理的发行准入标准能维持证券市场的持续发展。证券发行制度应当在保护投资者与便利企业融资之间达成某种平衡，当然，其侧重点还是维护投资者利益。

一、认识证券发行的种类

（一）按发行对象范围分

证券发行的基本方式是公开发行和不公开发行。股票大多采用公开方式发行，但境内上市外资股（B股）除外。债券发行有的是公开的，有的则是不公开的。而中国国债发行主要采用公开招标方式和承购包销方式。

1. 公开发行

关于公开发行，《证券法》第十条第二款规定，有下列情形之一的，为公开发行：①向不特定对象发行证券；②向累计超过二百人的特定对象发行证券；③法律、行政法规规定的其他发行行为。

依据第十条第三款的规定，非公开发行证券，不得采用广告、公开劝诱和变相公开方式。变相公开发行股票是指未依法报经中国证监会核准，公司股东自行或委托他人以公开方式向社会公众转让股票的行为。只有公开发行才能采用广告、公开劝诱等公开方式。而且，公开发行涉及投资者人数众多，其中多是不成熟的投资者，他们往往没有能力获得所需的信息，也没有能力对有关信息做出分析，而需要专业人士的帮助。为了保护广大投资者的合法权益，法律必须对其进行严格规制，比如适用审核程序和强制信息披露制度。因此《证券法》必须对公开发行做出界定。

（1）向不特定对象发行证券。

所谓不特定对象，不论人数多寡，也不论机构或个人，只要与发行人不存在稳定的业务关系或任职关系者即属此。

（2）向特定对象发行证券累计超过二百人。

特定对象就是所谓的成熟投资者，包括获许投资者和其他成熟投资者。对于获许投资者，美国联邦证券交易委员会列举有：银行、保险公司、投资公司等机构投资者；私人商业开发公司；总资产超过 500 万美元、非为获取发行证券的目的而设立的任何公司、商业信托、合伙信托、一般信托机构；发行人的任何董事、高级管理人员等；在购买证券时，其个人净资产或与配偶共同净资产超过 100 万美元的自然人；在最近两年的每年中，个人收入超过 20 万美元或者与配偶收入合计超过 30 万美元，且合理预期在本年度收入可以达到同样水平的自然人；公司股权拥有人。归纳起来，美国对于获许投资者采用客观标准，即投资经验、与发行人的关系、财富。在美国，无论向多少获许投资者发行都属私募。除了获许投资者，发行人也可以将符合条件的其他人认定为成熟投资者，条件是发行人应当在销售前合理地相信该投资者具备应有的商业知识和经验，能够评估投资价值和风险。向不超过 35 个成熟投资者发行也构成私募。

在我国，《证券法》借鉴了这些做法，但有所不同。《证券法》规定：向特定对象发行证券累计超过二百人构成公开发行。其中"累计"是指发行人所有次发行的发行对象人数，而非仅仅某次发行的发行对象人数。这一规定有助于防止发行人在短期内多次向不超过二百人的特定对象发行证券，或者将公开发行拆分为几个非公开发行，规避核准和监管。根据这一规定，如果公司股东超过二百人，向这些股东发行证券就构成公开发行。另外，在美国，美国私募制度中规定了对于转售的限制，从而以全额包销方式发行证券的，发行人和包销商之间的关系不认定为非公开发行，包销商与一般投资者之间的关系不能认定为交易，这种转售应当被认定为公开发行。发行人利用关联企业或关系人转售，也是如此，否则，证券法对于公开发行的规制就会被规避。而在中国，由于采用了无限制"累计"法，通过转售规避公开发行监管已无可能。

（3）法律、行政法规规定的其他发行行为。

这是为了堵住《证券法》列举不全造成的漏洞，以应付随时出现的金融创新。

（4）公开发行的推定。

从《证券法》第十条第三款反推而言，如果发行人采用广告等方式，即可构成公开发行。广告或公开劝诱是为了吸引潜在投资者对发行证券的兴趣，内容多涉及发行证券的情况、发行人的赢利前景等。使用此等方式，其影响的范围往往涵盖不特定对象，因而构成向不特定对象的公开发行证券。向特定对象发行证券似乎没有必要使用广告等方式。当然，如果实在要使用，而且广告或公开劝诱的范围的确限于成熟投资者，则不按一般公开发行对待。

2. 非公开发行

非公开发行又称私募发行，即不公开发行或内部发行，是指采用非公开方式，向特定对象发行证券的行为。非公开发行由发行人和投资者直接洽谈订立合同，而且非公开发行人在取得特定对象认购承诺后再进行后续的发行，其效果类似于包销。美国1933年《证券法》第4（2）条将非公开发行表述为“不涉及公开发行的发行人交易”。1935年，联邦证券交易委员会提出，一般情况下，向不超过25人发行证券不涉及公开发行。但联邦最高法院在Securities and Exchange Commission V. Ralston Purina Co.（译为美国证券交易委员会诉拉尔斯通公司）案中推翻了该标准，认为：受要约人是否需要注册程序保护才是关键，受要约人能否获得相关信息是考察的重点。联邦证券交易委员会于1962年认同了最高法院的观点，指出是否涉及公开发行必须考虑受要约人与发行人的关系、发行的性质、种类、规模、非转售等。按中国《证券法》的规定，非公开发行是指公开发行以外的证券发行。但据中国证监会《上市公司证券发行管理办法》第三十七条，非公开发行股票的特定对象应当符合下列规定：①特定对象符合股东大会决议规定的条件;②发行对象不超过10名。可见，它进一步限定了非公开发行股票的条件。

除了从发行对象及其人数方面限定非公开发行外，许多国家还对小额发行予以核准及信息披露豁免。美国1933年《证券法》明确授权联邦证券交易委员会对总额不超过500万元的证券发行给予豁免。这种豁免制度目的在于降低融资成本，缓解中小企业的融资困难。中国也应建立小额豁免制度，减轻中小企业的融资负担，促进经济发展。

关于股票发行与上市，2006年中国国务院办公厅发布《关于严厉打击非法发行股票和非法经营证券业务有关问题的通知》，通知指出：①严禁擅自公开发行股票。向不特定对象发行股票或向特定对象发行股票后股东累计超过二百人的，为公开发行，应依法报经证监会核准。未经核准擅自发行的，属于非法发行股票。②严禁变相公开发行股票。向特定对象发行股票后股东累计不超过二百人的，为非公开发行。非公开发行股票及其股权转让，不得采用广告、公告、广播、电话、传真、信函、推介会、说明会、网络、短信、公开劝诱等公开方式或变相公开方式向社会公众发行。严禁任何公司股东自行或委托他人以公开方式向社会公众转让股票。向特定对象转让股票，未依法报经证监会核准的，转让后，公司股东累计不得超过二百人。违反规定的，应坚决予以取缔，并依法追究法律责任。通知要求中国证监会根据《公司法》和《证券法》有关规定，尽快研究制定有关公开发行股票但不在证券交易所上市的股份有限公司管理规定，明确非上市公众公司设立和发行股票的条件、发行审核程序、登记托管及转让规则等，将非上市公众公司监管纳入法制轨道。

（二）按证券是否承销分

1. 直接发行

直接发行是指证券发行人不通过证券承销机构，由自己发行。直接发行一般很少采用，一方面，由于没有专业机构参与，其操作效率低而且风险大；另一方面，法律往往要求通过承销机构进行发行。非公开发行可以采用直接发行。

2. 间接发行

间接发行又称证券承销，是指发行人委托证券承销机构发行证券的方式。承销又可分为代销和包销。按照《证券法》，股份公司向不特定对象发行证券，而法律、行政法规要求承销的，应当采用承销方式；发行境外上市外资股，法律没有要求采取承销方式，但实践中都采取承销方式，以便借助境外证券公司的推荐；发行可转换公司债券，必须通过承销。对于发行普通公司债券，《证券法》和《公司法》都没规定应当采用承销方式。

（三）按发行证券类别分

按发行证券类别，可将证券发行分为股票发行、公司债券发行、可转换公司债券发行、政府证券发行、基金份额发行、衍生品种发行、金融债券发行、企业债券发行。

中国股票分为境内普通股（A 股）、外资股（B 股）以及境外外资股（H 股、N 股、S 股和 L 股）。

A 股又称人民币普通股票。它是根据《证券法》等法律规定，由中国境内的公司发行，在境内上市，供境内机构、组织或个人（不含中国台、港、澳地区投资者）以人民币认购和交易的普通股股票。

B 股又称人民币特种股票。根据国务院 1995 年发布的《关于股份有限公司境内上市外资股的规定》，B 股公司的注册地和上市地都在境内，但 B 股只能由在境外或在中国香港、澳门及台湾地区的投资者以外币认购和买卖。

鉴于 A 股和 B 股流动性以及价格差异很大，加上中国居民持有外汇数额巨大，为了逐步解决两个市场分割的局面，也为了使境内居民持有的外汇有增值机会，经国务院批准，中国证监会于 2001 年 2 月决定允许境内居民以合法持有的外汇开立 B 股账户，购买和交易 B 股股票。随后，中国证监会发布了《关于境内居民个人投资境内上市外资股若干问题的通知》，就境内居民个人开立 B 股资金账户和股票账户的程序等做出规定。为了加强对股份有限公司境内上市外资股发行、交易及其相关活动的监督和管理，保护投资人的合法权益，国务院证券委于 1996 年发布了《股份有限公司境内上市外资股规定的实施细则》。

境外上市外资股因发行上市地点不同而称谓不同，如在香港联合交易所上市称 H 股股票上市，在纽约证券交易所上市称为 N 股股票上市，在新加坡联合交易所上市称 S 股股票上市，在伦敦证券交易所上市称为 L 股股票上市。为适应股份有限公司境外募集股份及境外上市的需要，国务院于 1994 年发布《关于股份有限公司境外募集股份及上市的特别规定》。为进一步加强管理，保证境外发行股票和上市工作有序进行，国务院又于 1997 年发布了《关于进一步加强在境外发行股票和上市管理的通知》。1999 年中国证监会发布《境内企业申请到香港创业板上市审批与监管指引》。现行《证券法》第二百三十八条规定：境内企业直接或者间接到境外发行证券或者将其证券在境外上市交易，必须经国务院证券监督管理机构依照国务院的规定批准。

基金份额的发行依照《证券法》和《证券投资基金法》进行。

企业债券发行应当遵守 1993 年《企业债券管理条例》。国际开发机构人民币债券的发行应当遵循 2005 年中国人民银行、财政部、国家发展和改革委员会和中国证券监督管理委员会联合发布的《国际开发机构人民币债券发行管理暂行办法》。

（四）按股票发行时间分

1. 首次发行

首次发行是指发行人第一次发行股票，包括公司发起成立后首次向社会发行和公司募集设立时的发行。公司设立可以分为发起设立和募集设立。前者公司资本由发起人全部认购。后者除发起人认购外，还要向其他人募集资金。公司因募集设立而向发起人和他人发行股票属于首次发行。公司发起设立后发行股票也属首次发行。

2. 再次发行

再次发行即发行新股，是指公司募集设立后第一次和继续发行股份，或者股份有限公司发起成立后第二次和继续发行股份。再次发行除具备首次发行的条件外，还须满足其他法定条件。

二、具备证券公开发行条件

根据各国家和地区法律，证券发行应当符合规定条件，这些条件体现在两个方面：一是业绩和业务，包括经营年限、盈利能力、发展潜力；二是公司治理，包括股东、董事会、经理层的关系，这些利益关系决定企业的发展方向和业绩。另外，发行证券必须履行信息披露义务。我国《证券法》也对证券发行条件做了明确而具体的规定。

（一）股票发行具备的条件

1. 股票首次发行具备的条件

关于公司因募集设立而首次发行，根据《证券法》第十二条规定，设立股份有限公司公开发行股票，应当符合《公司法》规定的条件和经国务院批准的国务院证券监督管理机构规定的其他条件。

《公司法》第七十七条规定：设立股份有限公司，应当具备下列条件：①发起人符合法定人数；②发起人认购和募集的股本达到法定资本最低限额；③股份发行、筹办事项符合法律规定；④发起人制定公司章程，采用募集方式设立的经创立大会通过；⑤有公司名称，建立符合股份有限公司要求的组织机构；⑥有公司住所。《公司法》第七十九条规定：设立股份有限公司，应当有二人以上二百人以下为发起人，其中须有半数以上的发起人在中国境内有住所。

另据《证券法》第十二条规定，设立股份有限公司公开发行股票，还须向国务院证券监督管理机构报送募股申请和下列文件：①公司章程；②发起人协议；③发起人姓名或者名称，发起人认购的股份数、出资种类及验资证明；④招股说明书；⑤代收股款银行的名称及地址；⑥承销机构名称及有关的协议。依照该法规定聘请保荐人的，还应当报送保荐人出具的发行保荐书。法律、行政法规规定设立公司必须报经批准的，还应当提交相应的批准文件。

2. 股票再次发行的条件

《证券法》第十三条规定：公司公开发行新股，应当符合下列条件：①具备健全且运行良好的组织机构；②具有持续盈利能力，财务状况良好；③最近三年财务会计文件无虚假记载，无其他重大违法行为；④经国务院批准的国务院证券监督管理机构规定的其他条件。《证券法》第十五条规定：公司对公开发行股票所募集资金，必须按照招股说明书所列资金用途使用。改变招股说明书所列资金用途，必须经股东大会做出决议。擅自改变用途而未做纠正的，或者未经股东大会认可的，不得公开发行新股，上市公司也不得非公开发行新股。

3. 配股条件

向原股东配售股份，除符合上述一般条件外，还应当符合下列规定：①拟配售股份数量不超过本次配售股份前股本总额的百分之三十；②控股股东应当在股东大会召开前公开承诺认配股份的数量；③采用《证券法》规定的代销方式发行。控股股东不履行认配股的承诺，或者代销期限届满，原股东认购股票的数量未达到拟配售数量百分之七十的，发行人应当按照发行价并加算银行同期存款利息返还已经认购的股东。

4. 增发股票的条件

经典实例 

A公司于2003年6月在上海证券交易所上市。2010年4月，A公司聘请B证券公司作为向不特定对象公开募集股份（以下简称“增发”）的保荐人。B证券公司就本次增发编制的发行文件有关要点如下。

（1）A公司最近3年的有关财务数据如下表所示。

年份	总资产（万元）	净资产（万元）	净利润（万元）
2007年	156655	78600	4288
2008年	176655	83088	4488
2009年	186655	85476	5260

（2）A公司于2007年6月将5000万元委托B证券公司进行理财，直到2009年11月，B证券公司才将该委托理财资金全额返还A公司，A公司亏损财务费80万元。

（3）本次增发的发行价格拟按公告招股意向书前20个交易日公司股票均价的90%确定。

根据上述内容和证券法律制度的规定，分别回答下列问题：

（1）A公司的净资产收益率是否符合增发的条件？并说明理由。

（2）A公司的委托理财事项是否构成本次增发的障碍？并说明理由。

（3）A公司本次增发的发行价格的确定方式是否符合有关规定？并说明理由。

向不特定对象公开募集股份，除符合一般条件外，还应当符合下列规定。

（1）最近三个会计年度加权平均净资产收益率平均不低于百分之六。扣除非经常性损益后的净利润与扣除前的净利润相比，以低者作为加权平均净资产收益率的计算依据。

（2）除金融类企业外，最近一期末不存在持有金额较大的交易性金融资产和可供出售的金融资产、借予他人款项、委托理财等财务性投资的情形。

（3）发行价格应不低于公告招股意向书前二十个交易日公司股票均价或前一个交易日的均价。

（二）债券发行具备的条件

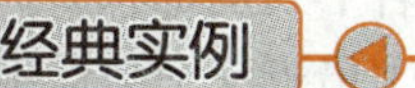

2010年4月，甲有限责任公司（以下简称“甲公司”）经过必要的内部批准程序，决定公开发行公司债券，并向国务院授权的部门报送有关文件，报送文件中涉及有关公开发行公司债券并上市的方案要点如下。

（1）截止到2009年12月31日，甲公司经过审计后的财务会计资料显示：注册资本为5000万元，资产总额为26000万元，负债总额为8000万元；在负债总额中，没有既往发行债券的记录；2007年度至2009年度的可分配利润分别为1200万元、1600万元和2000万元。

（2）甲公司拟发行公司债券8000万元，募集资金中的1000万元用于修建职工文体活动中心，其余部分用于生产经营；公司债券年利率为4%，期限为3年。

（3）公司债券拟由丁承销商包销。根据甲公司与丁承销商签订的公司债券包销意向书，公司债券的承销期限为120天，丁承销商在所包销的公司债券中，可以预先购入并留存公司债券2000万元，其余部分向公众发行。

根据上述内容和证券法律制度的规定，分别回答下列问题：

（1）甲公司的净资产和可分配利润是否符合公司债券发行的条件？并分别说明理由。

（2）甲公司发行的公司债券数额和募集资金用途是否符合有关规定？并分别说明理由。如果公司债券发行后上市交易，公司债券的期限是否符合规定？并说明理由。

（3）甲公司拟发行的公司债券由丁承销商包销是否符合规定？并说明理由。公司债券的承销期限和包销方式是否符合规定？并分别说明理由。

公司发行债券首先应当满足中国证监会2006年发布的《上市公司证券发行管理办法》关于发行债券的条件。

1. 公司债券的发行条件

发行公司债券必须符合积极条件的规定，再次发行还须符合消极条件。

关于积极条件，《证券法》第十六条第一款规定，公开发行公司债券，应当符合下列条件：①股份有限公司的净资产不低于人民币三千万元，有限责任公司的净资产不低于人民币六千万元；②累计债券余额不超过公司净资产的百分之四十；③最近三年平均可分配利润足以支付公司债券一年的利息；④筹集的资金投向符合国家产业政策；⑤债券的利率不超过国务院限定的利率水平；⑥国务院规定的其他条件。

关于消极条件，《证券法》第十八条规定，有下列情形之一的，不得再次公开发行公司债券：①前一次公开发行的公司债券尚未募足；②对已公开发行的公司债券或者其他债务有违约或者延迟支付本息的事实，仍处于继续状态；③违反该法规定，改变公开发行公司债券所募资金的用途。

此外，发行债券还须符合中国证监会2006年发布的《上市公司证券发行管理办法》第二章第一节"一般规定"和2007年发布的《公司债券发行试点办法》关于公司债券发行条件的规定。

2. 可转换公司债券的发行条件

《证券法》第十六条第三款规定：上市公司发行可转换为股票的公司债券，除应当符合第一款规定的条件外，还应当符合该法关于公开发行股票的条件，并报国务院证券监督管理机构核准。

根据《上市公司证券发行管理办法》第十四条规定，公开发行可转换公司债券的公司，还应当符合下列规定。

（1）最近三个会计年度加权平均净资产收益率平均不低于百分之六。扣除非经常性损益后的净利润与扣除前的净利润相比，以低者作为加权平均净资产收益率的计算依据。

（2）本次发行后累计公司债券余额不超过最近一期末净资产额的百分之四十。

（3）最近三个会计年度实现的年均可分配利润不少于公司债券一年的利息。

此外，根据该办法，可转换公司债券的利率由发行公司与主承销商协商确定，但必须符合国家的有关规定。公开发行可转换公司债券，应当委托具有资格的资信评级机构进行信用评级和跟踪评级。公开发行可转换公司债券，应当约定保护债券持有人的权利以及债券持有人会议的权利、程序和决议生效条件。公开发行可转换公司债券，应当有担保，但最近一期末经审计的净资产不低于人民币十五亿元的公司除外。

经典实例 

债券发行的条件

某有限责任公司经营塑料产品，总资产1200万元，总负债200万元。现公司股东会做出了以下决定，请判断其哪些决定是不符合法律规定的？

A. 投资300万元，与乙公司组成合伙企业

B. 向丙电脑有限责任公司投资350万元

C. 发行100万元公司债券

D. 减少注册资本50万元

答案：C

解析：《证券法》第十六条规定，"公开发行公司债券，应当符合下列条件：①股份有限公司的净资产不低于人民币三千万元，有限责任公司的净资产不低于人民币六千万元；②累计债券余额不超过公司净

资产的百分之四十；③最近三年平均可分配利润足以支付公司债券一年的利息；④筹集的资金投向符合国家产业政策；⑤债券的利率不超过国务院限定的利率水平；⑥国务院规定的其他条件。公开发行公司债券筹集的资金，必须用于核准的用途，不得用于弥补亏损和非生产性支出。上市公司发行可转换为股票的公司债券，除应当符合上述规定的条件外，还应当符合《证券法》关于公开发行股票的条件，并报国务院证券监督管理机构核准。”本题中，该有限责任公司的净资产不足六千万元人民币，其发行公司债券未能满足法定条件，因此应当选 C 项。

A 项不当选。根据《公司法》第十五条规定，公司可以向其他企业投资；但是，除法律另有规定外，不得成为对所投资企业的债务承担连带责任的出资人。据此，如果该有限责任公司与乙公司组成的是有限合伙，且该有限责任公司充当有限合伙人，则符合法律规定。A 项并未指明该有限责任公司不是充当有限合伙人，无法判断其是否违法，因此 A 项不能入选。

B 项不当选。根据《公司法》第十五条规定，公司转投资只有对象限制并无数额限制，向丙电脑有限责任公司投资 350 万元没有违反法律规定，故 B 项不应入选。

D 项不能入选。因为《公司法 》第一百七十八条规定，公司需要减少注册资本时，必须编制资产负债表及财产清单。公司应当自做出减少注册资本决议之日起十日内通知债权人，并于三十日内在报纸上公告。债权人自接到通知书之日起三十日内，未接到通知书的自公告之日起四十五日内，有权要求公司清偿债务或者提供相应的担保。公司减资后的注册资本不得低于法定的最低限额。据此，该有限责任公司减少注册资本 50 万元后，仍符合有限责任公司注册资本的法定最低限额为 3 万元的要求。

三、公开发行证券

（一）公开发行股票

1. 首次发行股票

根据《首次公开发行股票并上市管理办法》规定，首次发行股票需要经过如下程序。

（1）聘请辅导机构辅导。

发行人聘请的辅导机构应当是具有保荐资格的证券经营机构。保荐人及其保荐代表人应当遵循勤勉尽责、诚实守信的原则，认真履行审慎核查和辅导义务。

（2）股东大会批准本次股票发行。

发行人董事会应当依法就本次股票发行的具体方案、本次募集资金使用的可行性及其他必须明确的事项做出决议，并提请股东大会批准。

（3）保荐人保荐及尽职调查。

《证券法》第十一条规定，发行人申请公开发行股票、可转换为股票的公司债券，依法采取承销方式的，或者公开发行法律、行政法规规定实行保荐制度的其他证券的，应当聘请具有保荐资格的机构担任保荐人。保荐人应当按照中国证监会 2006 年发布的《保荐人尽职调查工作准则》进行调查。

（4）保荐人向中国证监会申报。

按《首次公开发行股票并上市管理办法》第四十六条规定，发行人应当按照中国证监会的有关规定制作申请文件，由保荐人保荐并向中国证监会申报。

（5）中国证监会受理申请。

中国证监会收到申请文件后，在五个工作日内做出是否受理的决定。

（6）预披露。

《证券法》第二十一条规定，“发行人申请首次公开发行股票的，在提交申请文件后，应当按照国务院证券监督管理机构的规定预先披露有关申请文件。”

（7）初审和审核。

中国证监会受理申请文件后，由相关职能部门对发行人的申请文件进行初审，并由发行审核委员会审核。中国证监会受理申请文件后进行初审。中国证监会在初审过程中，将征求发行人注册地省级人民政府是否同意发行人发行股票的意见，并就发行人的募集资金投资项目是否符合国家产业政策和投资管理的规定征求国家发改委的意见。国务院证券监督管理机构设发行审核委员会，依法审核股票发行申请。发行审核委员会的表决结果不是中国证监会发布核准意见的唯一依据，中国证监会可能做出与此表决不同的结论。

（8）决定。

《证券法》第二十四条规定，“国务院证券监督管理机构或者国务院授权的部门应自受理证券发行申请文件之日起三个月内，依照法定条件和法定程序做出予以核准或者不予核准的决定，发行人根据要求补充、修改发行申请文件的时间不计算在内；不予核准的，应当说明理由。”

（9）公告发行募集文件。

证券发行申请经核准，发行人应当依照《证券法》第二十五条规定等公告公开发行募集文件。

（10）发行。

自中国证监会核准发行之日起，发行人应在六个月内发行股票；超过六个月未发行的，核准文件失效，须重新经中国证监会核准后方可发行。

（11）证券公司承销股份。

《公司法》第八十八条规定，发行人向社会公开募集股份，应当由依法设立的证券公司承销。《证券法》对承销规则有具体规定。

（12）认购与配售。

对于公开发行的股票，社会公众均可认购，但也有例外。一方面，根据《证券法》第四十三条和第四十五条规定，一些主体不能认购股票。

《证券法》第四十三条规定，“证券交易所，证券公司和证券登记结算机构的从业人员、证券监督管理机构的工作人员以及法律、行政法规禁止参与股票交易的其他人员，在任期或者法定限期内，不得直接或者以化名、借他人名义持有、买卖股票，也不得收受他人赠送的股票。任何人在成为前述所列人员时，其原已持有的股票，必须依法转让。”

《证券法》第四十五条规定，“为股票发行出具审计报告、资产评估报告或者法律意见书等文件的证券服务机构和人员，在该股票承销期内和期满后六个月内，不得买卖该种股票。除前述规定外，为上市公司出具审计报告、资产评估报告或者法律意见书等文件的证券服务机构和人员，自接受上市公司委托之日起至上述文件公开后五日内，不得买卖该种股票。”

另一方面，根据《公司法》以及中国证监会 2006 年发布的《证券发行与承销管理办法》等规定，公司原股东、一些机构投资者和战略投资者享有优先配售股票的权利。《证券发行与承销管理办法》第二十三条规定，“首次公开发行股票数量在 4 亿股以上的，可以向战略投资者配售股票。发行人应当与战略投资者事先签署配售协议，并报中国证监会备案。发行人及其主承销商应当在发行公告中披露战略投资者的选择标准、向战略投资者配售的股票总量、占本次发行股票的比例，以及持有期限制等。”《证券发行与承销管理办法》第二十四条规定，“战略投资者不得参与首次公开发行股票的初步询价和累计投标询价，并应当承诺获得本次配售的股票持有期限不少于12个月，持有期自本次公开发行的股票上市之日起计算。”《证券发行与承销管理办法》第二十五条规定，“发行人及其主承销商应当向参与网下配售的询价对象配售股票”。公开发行股票数量少于4亿股的，配售数量不超过本次发行总量的百分之二十；公开发行股票数量在4亿股以上的，配售数量不超过向战略投资者配售后剩余发行数量的百分之五十。询价对象应当承诺获得本次同下配售的股票持有期限不少于3个月，持有期自本次公开发行的股票上市之日起计算。本次发行的股票向战略投资者配售的，发行完成后无持有期限制的股票数量不得低于本次发行股票数量的百分之二十五。《证券发行与承销管理办法》第三十七条规定，“上市公司增发股票或者发行可转换公司债券，可以全部或者部分向原股东优先配售，优先配售比例应当在发行公告中披露。”

（13）发行结束前发生重大事项的处理。

发行申请核准后、股票发行结束前，发行人发生重大事项的，应当暂缓或者暂停发行，并及时报告中国证监会，同时履行信息披露义务。影响发行条件的，应当重新履行核准程序。

2. 再次发行股票

《上市公司证券发行管理办法》对此规定了以下程序。

（1）股东大会批准。上市公司申请发行证券，董事会应当依法就规定事项做出决议，并提请股东大会批准。股东大会就发行股票做出的决定，应当包括规定事项。股东大会就发行证券事项做出决议，必须经出席会议的股东所持表决权的三分之二以上通过。向本公司特定的股东及其关联人发行证券的，股东大会就发行方案进行表决时，关联股东应当回避。

（2）保荐并申报。上市公司申请公开发行证券或者非公开发行新股，应当由保荐人保荐，并向中国证监会申报。保荐人应当尽职，并按中国证监会的有关规定编制和报送发行申请文件。依《证券法》第十四条规定，公司公开发行新股，应当向国务院证券监督管理机构报送募股申请及其他规定文件。

（3）中国证监会受理申请。中国证监会收到申请文件后，应在五个工作日内决定是否受理。

（4）初审。中国证监会受理后，对申请文件进行初审。

（5）发审委审核。发行审核委员会审核申请文件。

（6）核准。中国证监会做出核准或者不予核准的决定。

（7）公告公开发行募集文件。《公司法》第一百三十五条规定，公司经国务院证券监督管理机构核准公开发行新股时，必须公告新股招股说明书和财务会计报告，并制作认股书。对于有关文件公开，《证券法》也有具体规定。发行人不得在公告公开发行募集文件前发行证券。

（8）证券公司承销股份。上市公司发行证券，应当由证券公司承销。

（9）重大事项的持续关注。上市公司发行证券前发生重大事项的，应暂缓发行，并及时报告中国证监会。该事项对本次发行条件构成重大影响的，发行证券的申请应重新经过中国证监会核准。

（二）发行债券

1. 公司债券发行

根据《上市公司证券发行管理办法》规定，公司债券发行包括以下程序。

（1）股东会决议。上市公司申请发行证券，董事会应当依法就规定事项做出决议，并提请股东大会批准。股东大会就发行证券事项做出决议，必须经出席会议的股东所持表决权的三分之二以上通过。向本公司特定的股东及其关联人发行证券的，股东大会就发行方案进行表决时，关联股东应当回避。

（2）保荐及申报。上市公司申请公开发行证券或者非公开发行新股，应当由保荐人保荐，并向中国证监会申报。保荐人应当按照《证券法》第十七条以及中国证监会的有关规定编制和报送发行申请文件。

（3）中国证监会受理申请。中国证监会收到申请文件后，五个工作日内决定是否受理。

（4）初审。中国证监会受理后，对申请文件进行初审。

（5）发审委审核。发行审核委员会审核申请文件。

（6）核准。中国证监会做出核准或者不予核准的决定。

（7）进行发行公告。《公司法》第一百五十五条规定，发行公司债券的申请经国务院授权的部门核准后，应当公告公司债券募集办法。

（8）承销。上市公司发行证券，应当由证券公司承销。

（9）重大事项的持续关注。上市公司发行证券前发生重大事项的，应暂缓发行，并及时报告中国证监会。该事项对本次发行条件构成重大影响的，发行证券的申请应重新经过中国证监会核准。

2. 可转换公司债券发行

依据《上市公司证券发行管理办法》规定，股东大会就发行可转换公司债券做出的决定，至少应当包含规定事项。

依照《证券法》第十六条第三款规定，上市公司发行可转换为股票的公司债券，应报国务院证券监督管理机构核准。

任务二　非公开发行证券

经典实例 

某公司甲的发起人决定以非公开发行股份方式设立某公司甲。但为了能募集更多的资金，甲公司的发起人利用散发募集资金宣传单、召开投资推介会、在地方电视台进行“公司”形象宣传等方式，共最终确定了250个出资人。

请分析回答：

（1）甲公司的股份发行方式是公开发行还是非公开发行？为什么？

（2）其发行方式是否合法？为什么？

一、证券非公开发行概述

证券非公开发行或私募发行是筹集资金的重要方式。在美国，调整私募发行的法律规则主要有：1933年《证券法》第4（2）条、1982年《条例》中的506条款（安全港规则）和1990年的《144A规则》。此外，2001年的《15规则》调整私募发行与公开发行的相互转换及合并处理。在中国，1994年《公司法》实施之前，真正意义上的私募发行并不存在，但实践中存在类似私募的定向募集。

1994年《公司法》实施之后，中国部分行业开始探索真正意义上的私募。2005年《公司法》取消了设立股份有限公司的前置审批程序，消除了私募的法律障碍。现行《证券法》则明确允许以非公开形式合法募集资金。另外，中国证监会发布的《上市公司证券发行管理办法》

（2006年）、《上市公司非公开发行股票实施细则》（2007年）、《关于基金投资非公开发行股票等流通受限证券有关问题的通知》（2006年）等对非公开发行做了具体规定。在各国家和地区，非公开发行制度的主要目标是为投资者开辟新的投资渠道，便于企业利用非公开发行方式融资和发展，保护公众投资者的利益。

二、公开发行与非公开发行的差异

（一）发行条件不同

《证券法》第十三条第二款规定：上市公司非公开发行新股，应当符合经国务院批准的国务院证券监督管理机构规定的条件。《上市公司证券发行管理办法》第三十八条和第三十九条规定了上市公司非公开发行股票的积极条件和消极条件。

（二）监管方式不同

公开发行涉及社会公众利益，须经证券监管机构注册或审核。非公开发行由于离社会大众的利益比较远，一般免于注册或审核。不过，在中国，上市公司非公开发行新股仍须适用《证券法》规定的公开发行核准规则。《证券法》第十三条第二款规定：上市公司非公开发行新股，应当符合经国务院批准的国务院证券监督管理机构规定的条件，并报国务院证券监督管理机构核准。但这仅是《证券法》规范公开发行的一个例外，其针对的不是非公开发行，而是由于上市公司涉及众多股东，具有公共性。除了是否需注册或者审核不同外，公开发行一般由《证券法》规定的具体规则强制调整，而非公开发行主要依赖合同规范当事人之间的关系。

（三）信息披露要求不同

公开发行必须按照法律的严格要求公开信息，非公开发行只需对特定对象公开有关信息。不过，上市公司非公开发行股票时，其控股股东、实际控制人和发行对象应当及时向上市公司提供相关信息，配合上市公司履行信息披露义务。上市公司非公开发行新股后，应当按中国证监会的要求编制并披露发行情况报告书。上市公司在非公开发行新股后，应当将发行情况报告书刊登在至少一种中国证监会指定的报刊上，同时将其刊登在中国证监会指定的互联网网站上，并置备于中国证监会指定的场所，供公众查阅。

（四）转售方式不同

公开发行的证券可以自由转售。非公开发行的证券不得在未经注册登记或取得其他豁免的情况下转售，以免非公开豁免被滥用或者成为变相公开发行。实践中，非公开发行人通常要求所有购买人签署保证函，保证在购买证券时没有向公众转售的意图。中国证监会发布的《上市公司证券发行管理办法》第三十八条对非公开发行股票的转让做了限制。由于非公开发行的证券的变现性差，因此其投资风险和发行利率较高。

此外，上市公司申请公开发行证券或者非公开发行新股，都应由保荐人保荐。上市公司发行证券，应当由证券公司承销；非公开发行股票，发行对象均属于原持股比例在前10名股东的，可以由上市公司自行销售。上市公司非公开发行股票未采用自行销售方式或者上市公司配股的，应当采用代销方式。

任务三　证券承销

证券承销是指证券公司受证券发行人的委托，为发行人代销或包销其证券的行为。

证券承销的目的在于推介发行证券，避免发行失败，完成发行任务，实现证券销售的利益最

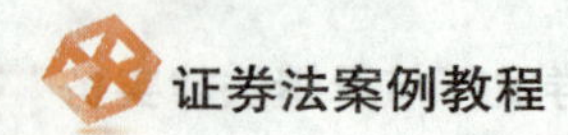

大化，取得最佳商业效果。在中国，证券承销除了受《证券法》调整外，还受中国证监会发布的《证券发行与承销管理办法》以及《境内及境外证券经营机构从事外资业务资格管理暂行规定》等规范。证券公司从事证券承销业务，必须依法取得证券承销业务资格，并不得违法承销。

一、认识证券承销方式

（一）证券代销和证券包销

（1）证券代销是指证券公司代发行人发售证券，在承销期结束时，将未售出的证券全部退还给发行人的承销方式。在证券代销中，发行人与代销商之间属于代理关系。证券发行失败的风险由发行人承担，发行人应当按照发行价并加算银行同期存款利息返还股票认购人。信誉好、知名度高、较易被社会公众接受的大公司可以采用证券代销方式发行证券。非公开发行更可适用代销方式。在中国，证券代销主要用于发行公司债券。

（2）证券包销是指证券公司将发行人的证券按照协议全部购入或者在承销期结束时将售后剩余证券全部自行购入的承销方式。发行风险由包销商承担。证券市场多采用包销方式。

证券包销分为余额包销和全额包销。前者包销商按照与发行人约定的条件和总额向社会公众推销证券，如果约定期限届满后，未能售完全部证券，则剩余部分由包销商全部买进。在余额包销，包销商与发行人之间总体上是代理关系，但在约定期限届满后，则转为买卖关系，包销商主要赚取手续费。后者包销商与发行人约定，由包销商认购发行人拟发行的全部证券，然后由包销商向公众投资者发售。在全额包销，发行人和包销商之间构成买卖关系，包销商赚取差价。实践中的包销大多是全额包销。

（二）独立承销和承销团承销

（1）独立承销是指由一家证券公司单独代销或包销拟发行的证券。独立承销的不足在于，它可能受制于证券公司的资金实力、销售网点，也难以实现对证券公司的有效约束。

（2）承销团承销是指两个以上的证券公司组成承销团接受发行人的委托向社会公开发售证券。承销团应当由主承销商和分销商组成。证券发行的主承销商可以由发行保荐机构担任，也可以由其他具有保荐机构资格的证券公司与该保荐机构共同担任。主承销商和分销商的关系通过合同确定。承销团承销可以采用共同承销或分销。前者以承销团全体的名义与发行人签订承销合同；后者由主承销商与发行人订立承销合同，然后由主承销商与其他承销商签订分销合同，分销合同生效以承销合同生效为前提。承销团有着单个证券商不具备的优势，它发行效率高，承担风险的能力强，能够承销发行量大的证券。对于发行巨额证券，各国多要求组成承销团承销。我国《证券法》第三十二条规定，“向不特定对象公开发行的证券票面总值超过人民币五千万元的，应当由承销团承销。”

二、签订承销协议

承销协议是指证券发行人与证券承销商之间签订的确立各自权利义务的合同。《证券法》第三十条规定，“证券公司承销证券，应当同发行人签订代销或者包销协议”。证券承销协议是证券发行申请的法定送审文件。承销协议和承销团协议可以在发行价格确定后签订。但在此之前，证券公司可能通过参与证券发行活动，已与发行人建立了事实上的证券承销关系。

根据《证券法》第三十条规定，代销或者包销协议，应载明下列事项：①当事人的名称、住所及法定代表人姓名；②代销、包销证券的种类、数量、金额及发行价格；③代销、包销的期限及起止日期；④代销、包销的付款方式及日期；⑤代销、包销的费用和结算办法；⑥违约责任；⑦国务院证券监督管理机构规定的其他事项。

此外，双方当事人还可以在承销协议中约定某些特殊条款，包括以下几点。

（1）承销商超额配售选择权。

超额配售选择权，俗称“绿鞋”，又称安定操作，是发行人授予主承销商的一项选择权。在选择权行使期间，如果股票交易价格高于发行价格，主承销商可按发行价格向申购者出售一定数量的额外股票，抑制交易价格；相反，则主承销商可按交易价格购买部分股票，再将所购股票按新股发行价过户给申购者，维持或提升股票交易价格。这样，主承销商在未动用自有资金的情况下，通过行使超额配售选择权，以平衡市场对某只股票的供求，起到稳定市价的作用。从而，既可在市场价格低迷时维护股票交易价格的相对稳定，又可在市场价格高涨时为发行人筹集到额外资金。

超额配售选择权的实施应当遵守中国证监会、证券交易所和证券登记结算机构的规定。证监会 2000 年发布的《上市公司向社会公开募集股份操作指引（试行）》提到了超额配售选择权。为促进股票发行制度的市场化，控制股票发行风险，规范主承销商在上市公司向全体社会公众发售股票中行使超额配售选择权的行为，中国证监会于 2001 年发布了《超额配售选择权试点意见》，其中规定，“超额配售选择权是指发行人授予主承销商的一项选择权，获此授权的主承销商按同一发行价格超额发售不超过包销数额 15% 的股份，即主承销商按不超过包销数额 115% 的股份向投资者发售。在本次增发包销部分的股票上市之日起三十日内，主承销商有权根据市场情况选择从集中竞价交易市场购买发行人股票，或者要求发行人增发股票，分配给对此超额发售部分提出认购申请的投资者。”中国证监会 2006 年发布的《证券发行与承销管理办法》第四十八条规定，“首次公开发行股票数量在 4 亿股以上的，发行人及其主承销商可以在发行方案中采用超额配售选择权。”

（2）发行人声明和担保条款。

即发行人应当保证所提交的用于公开的文件真实可靠、没有重大遗漏。

（3）发行人补偿条款。

即承销商因发行人虚假陈述而向投资者承担赔偿责任的，发行人应给予补偿。

（4）发行人避免竞争条款。

它规定在承销期间及此后的一定期间内，发行人不发行或销售同类证券，以保证承销的顺利进行。

（5）承销商尽力促销条款。

规定代销商应当采取各种必要促销措施，以获得最大的认购数量；也可规定包销商不得预留证券，必须尽力向投资者出售。

承销协议应当依法履行。《证券法》第三十五条规定，“股票发行采用代销方式，代销期限届满，向投资者出售的股票数量未达到拟公开发行股票数量百分之七十的，为发行失败。”至于发行失败制度是否适用于股票以外的证券，法律没有明确规定。

三、承销商完成法定义务

（一）相关方案实施后才可承销

《证券发行与承销管理办法》第三十八条规定：证券公司实施证券承销前，应当向中国证监会报送发行与承销方案。该办法第三十三条规定：上市公司发行证券，存在利润分配方案、公积金转增股本方案尚未提交股东大会表决或者虽经股东大会表决通过但未实施的，应当在方案实施后发行。相关方案实施前，主承销商不得承销上市公司发行的证券。

（二）核查发行文件

《证券法》第三十一条规定：证券公司承销证券，应当对公开发行募集文件的真实性、准确性、完整性进行核查；发现有虚假记载、误导性陈述或者重大遗漏的，不得进行销售活动；已经销售的，必须立即停止销售活动，并采取纠正措施。按《证券法》第六十九条规定，发行人、上市公司公告的信息披露资料，有虚假记载、误导性陈述或者重大遗漏，致使投资者在证券交易中遭受损失的，承销的证券公司应当与发行人、上市公司承担连带赔偿责任，但是能够证明自己没有过错的除外。

（三）不得虚假承销及诱使申购

《证券发行与承销管理办法》第四十二条规定，“承销团成员应当按照承销团协议及承销协议的规定进行承销活动，不得进行虚假承销。”第四十五条规定，“证券公司在承销过程中，不得以提供透支、回扣或者中国证监会认定的其他不正当手段诱使他人申购股票。”

（四）禁止事先预留

《证券法》第三十三条规定，“证券的代销、包销期限最长不得超过九十日。证券公司在代销、包销期内，对所代销、包销的证券应当保证先行出售给认购人，证券公司不得为本公司预留所代销的证券和预先购入并留存所包销的证券。”

四、发行体制改革

中国主板市场新股发行制度几经变迁，终于在 2009 年 6 月，中国证监会公布实施《关于进一步改革和完善新股发行体制的指导意见》，确定了以下内容。

（1）改革原则。坚持市场化方向，促进新股定价进一步市场化，注重培育市场约束机制，推动发行人、投资人、承销商等市场主体归位尽责，重视中小投资人的参与意愿。

（2）基本内容。在新股定价方面，完善询价和申购的报价约束机制，淡化行政指导，形成进一步市场化的价格形成机制。在发行承销方面，增加承销与配售的灵活性，理顺承销机制，强化买方对卖方的约束力和承销商在发行活动中的责任，逐步改变完全按资金量配售股份；适时调整股份发行政策，增加可供交易股份数量；优化网上发行机制，股份分配适当向有申购意向的中小投资者倾斜，缓解巨额资金申购新股状况；完善回投机制和中止发行机制。同时，加强新股认购风险提示，明晰发行市场的风险。

（3）预期目标。一是市场价格发现功能得到优化，买方、卖方的内在制衡机制得以强化；二是提高股份配售机制的有效性，缓解巨额资金申购新股状况，提高发行的质量和效率；三是在风险明晰的前提下，中小投资者的参与意愿得到重视，向有意向申购新股的中小投资者适当倾斜；四是增强揭示风险的力度，强化一级市场风险意识。

（4）改革措施。即完善询价和申购的报价约束机制，形成进一步市场化的价格形成机制；优化网上发行机制，将网下、网上申购参与对象分开；对网上单个申购账户设定上限；加强新股认购风险提示，提示所有参与人明晰市场风险。

闯关考验

一、选择题

1. 某证券公司向中国证监会申请保荐机构资格。下列关于该公司申请保荐机构资格条件的表述中，不符合证券法律制度规定的是（　　）。

A．注册资本为人民币5亿元，净资本为人民币1亿元

B．从业人员20人均具有3年从事保荐相关业务的经历

C．符合保荐代表人资格条件的从业人员有5人

D．最近3年内未因重大违法违规行为受到行政处罚

2. 下列关于证券发行承销团承销证券的表述中，不符合证券法律制度规定的是（　　）。

A．承销团承销适用于向不特定对象公开发行的证券

B．发行证券的票面总值必须超过人民币1亿元

C．承销团由主承销和参与承销的证券公司组成

D．承销团代销、包销期限最长不得超过90日

3. 首发股票的询价对象包括（　　）。

A．符合规定条件的证券投资基金管理公司　B．符合规定条件的证券公司

C．符合规定条件的信托投资公司　D．符合规定条件的合格境外机构投资者

4. 首次公开发行股票数量在（　　）以上的，发行人及其主承销商可以在发行方案中采用超额配售选择权。

A．1亿股　B．1亿元　C．4亿股　D．4亿元

5. 根据证券法律制度的规定，下列各项中，符合上市公司向原股东配售股份条件的有（　　）。

A．拟配售股份数量不超过本次配售股份前股本总额的30%

B．控股股东应当在股东大会召开前公开承诺认配股份的数量

C．采用代销或者包销方式发行

D．上市公司最近36个月内财务会计文件无虚假记载

6. 下列关于上市公司非公开发行股票的表述中，不符合证券法律制度规定的有（　　）。

A．本次发行的股份自发行结束之日起，36个月内不得转让

B．发行价格应不低于定价基准日前20个交易日公司股票的均价

C．募集资金须存放于公司董事会决定的专项账户

D．除金融类企业外，不得将募集资金直接或间接投资于以买卖证券为主要业务的公司

7. 某上市公司因重大重组，拟向特定对象非公开发行股票。根据证券法律制度的规定，下列情形中，不得非公开发行股票的有（　　）。

A．上市公司的权益被控股股东或实际控制人严重损害且尚未消除

B．上市公司及其附属公司违规对外提供担保且尚未解除

C．上市公司最近1年及最近一期财务报表被注册会计师出具了保留意见、否定意见或无法表示意见的审计报告

D．上市公司现任董事、高级管理人员最近12个月内受到过中国证监会的行政处罚

8. 某股份有限公司现有净资产5000万元。该公司于2007年1月发行一年期公司债券500万元。2007年11月，该公司又发行三年期公司债券600万元。2008年7月，该公司拟再次发

行公司债券。根据证券法律制度的规定，该公司此次发行公司债券的最高限额为（　　）万元。

A．2000　　B．1500　　C．1400　　D．900

9. 甲有限责任公司拟公开发行公司债券，下列有关该公司资产额的表述中，符合《证券法》规定公开发行公司债券条件的是（　　）。

A．该公司总资产额为人民币3000万元　　B．该公司净资产额为人民币3000万元

C．该公司总资产额为人民币6000万元　　D．该公司净资产额为人民币6000万元

10. 某股份有限公司申请公开发行公司债券。下列关于该公司公开发行公司债券条件的表述中，不符合证券法律制度规定的是（　　）。

A．净资产为人民币5000万元

B．累计债券余额是公司净资产的50%

C．最近3年平均可分配利润足以支付公司债券1年的利息

D．筹集的资金投向符合国家产业政策

二、判断题

1. 向不特定对象公开发行的证券票面总值超过人民币3000万元的，应当由承销团承销。（　　）

2. 证券公司在代销、包销期内，对所代销、包销的证券应当保证先行出售给认购人，证券公司可以为本公司预留所代销的证券和预先购入并留存所包销的证券。（　　）

3. 股票发行采用代销方式，代销期限届满，向投资者出售的股票数量未达到拟公开发行股票数量80%的，为发行失败；发行人应当按照发行价并加算银行同期贷款利息返还股票认购人。（　　）

三、实训项目：证券发行程序演练及案例评析

1. 实训准备

（1）提供证券发行真实案例以及案件相关法律文书；

（2）提出案件所设的试题以及程序问题；

（3）推荐参考书目。

2. 实训目的

通过实训真实展现证券发行的运作程序，使学生直观感受并了解证券发行的实际运作和基本程序要求，使学生掌握证券发行所需文件的类别和文件的性质。

3. 实训内容及要求

（1）将学生分为三个小组，分别模拟证券发行中的不同主体；

（2）由第一小组演练证券发行的各项准备工作，模拟提交各项审核文件；

（3）由第二小组模拟证监会审核各项文件，提出发现的问题；

（4）模拟审核通过后，再由第三小组模拟证券公司进行证券承销活动；

（5）各小组分别评议并写出书面评议报告；

（6）教师审阅评议报告并进行总结。

微语录

项目三
证券上市法律实务

学习目标

- 掌握证券上市的概念、条件、程序
- 掌握证券上市的暂停与终止的条件
- 了解上市证券的交易过程
- 了解场外交易的特点、形式

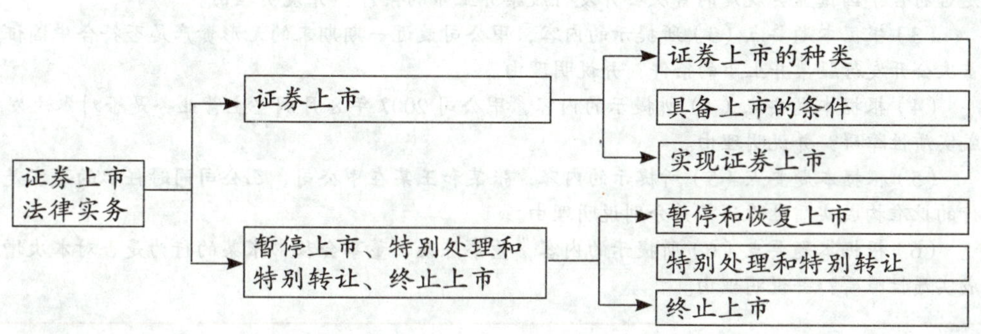

经典实例

中国证监会于2009年7月受理了甲股份有限公司（下称甲公司）申请在主板首次公开发行股票并上市的申报材料，该申报材料披露了以下相关信息。

（1）甲公司（非金融类企业）本次发行前的股本总额为人民币4000万元（每股面值人民币1元），本次拟发行8000万股，拟募集资金4亿元，其中20%的募集资金拟用于委托理财。

（2）甲公司2006年、2007年和2008年扣除非经常性损益前的净利润分别为800万元、1000万元和1500万元，扣除非经常性损益后的净利润分别为700万元、1200万元和1200万元。甲公司2006年、2007年和2008年经营活动产生的现金流量净额分别为1400万元、1600万元和1800万元，营业收入分别为8000万元、9000万元和11000万元。

（3）截至2009年6月30日，甲公司经过审计后的财务会计资料显示：资产总额为16000万元，负债总额为11000万元，无形资产（扣除土地使用权、水面养殖权和采矿权等后）为1400万元。

（4）2007年8月，经甲公司股东大会决议，甲公司的主营业务进行了重大调整。

（5）乙公司是甲公司的控股股东，乙公司的董事张某担任甲公司的总经理，甲公司的财务人员王某在乙公司的财务部门兼职。

（6）2008年12月，甲公司现任董事陈某被上海证券交易所公开谴责。2007年2月，甲公司现任董事会秘书张某受到中国证监会的行政处罚。

要求：根据证券法律制度的规定，分别回答以下问题。

（1）根据本题要点（1）所提示的内容，甲公司本次发行前的股本总额、募集资金的用途是否符合中国证监会的有关规定？并分别说明理由。

（2）根据本题要点（2）所提示的内容，甲公司最近3个会计年度的净利润是否符合中国证监会规定的首次公开发行股票并上市的条件？并说明理由。甲公司最近3个会计年度的现金流量净额和营业收入是否符合中国证监会规定的首次公开发行股票并上市的条件？并说明理由。

（3）根据本题要点（3）所提示的内容，甲公司最近一期期末的无形资产是否符合中国证监会规定的首次公开发行股票并上市的条件？并说明理由。

（4）根据本题要点（4）所提示的内容，甲公司2007年8月调整主营业务是否对本次发行的批准构成实质性障碍？并说明理由。

（5）根据本题要点（5）所提示的内容，张某和王某在甲公司、乙公司同时任职的事实是否对本次发行的批准构成实质性障碍？并分别说明理由。

（6）根据本题要点（6）所提示的内容，董事陈某、董事会秘书张某的行为是否对本次增发的批准构成实质性障碍？并说明理由。

任务一　证券上市

证券上市主要是指发行人已经发行的有价证券经核准，在证券交易所公开挂牌买卖。证券在交易所上市后，可以更加便利、快捷、高效地转让，提高变现能力。有关证券上市的条件和程序、上市公司的监管、证券上市暂停或终止等规范构成证券上市法律制度。现行《证券法》取消了从前证券发行与上市合一的审查制度，允许证券交易所自行制定证券上市标准，并对上市进行审核。随着多层次证券市场的建立，证券上市还包括在场外市场挂牌交易。

一、证券上市的种类

（一）证券交易所上市和场外市场上市

证券交易所上市是指经发行人申请，证券交易所核准，证券在证券交易所挂牌上市。中国目前所谓的上市即此种类型的上市。场外市场上市是指证券在证券交易所以外的其他交易市场上市。证券交易所和场外交易市场共同构成与证券发行市场相对应的二级市场。

长期以来，中国证券交易市场缺乏必要的层次，限制了证券市场的发展，遏制了企业的合理融资，也不利于保护投资者的合法权益。2004年国务院发布《关于推进资本市场改革开放和稳定发展的若干意见》，指出"逐步建立满足不同类型企业融资需求的多层次资本市场体系"。现行《证券法》为建立多层次市场预留了空间。《证券法》第三十九条规定，"依法公开发行的股票、公司债券及其他证券，应当在依法设立的证券交易所上市交易或者在国务院批准的其他证券交易场所转让。"目前，经国务院批准设立的证券交易场所仍只有上海证券交易所和深圳证券交易所。

实践中，上市公司流通股必须在证券交易所上市交易。上市公司半流通股也可在证券交易所上市。半流通股是指上市转让受一定限制的股份。例如，内部职工股的上市流通必须经过中国证监会的批准；上市公司的原董事、监事和高级管理人员持有的股份，以及公开发行时向证券投资基金、法人、战略投资者配售的股份，在规定期间经过后才能上市流通。上市公司的非流通股虽不能到证券交易所上市流通，但其协议转让仍须在交易所内进行。2001年中国证券监督管理委员会发布《关于加强对上市公司非流通股协议转让活动规范管理的通知》，规定：上市公司非流通股的协议转让，必须遵循上述法律规定，在证券交易所和证券登记结算公司的管理下，在有证券经纪业务资格和证券交易所会员资格的证券公司的参与下有序进行。需要采用公开征集方式确定协议转让价格和受让人的，由证券交易所和证券登记结算公司统一组织安排。对未按照证券交易所、证券登记结算公司有关业务规则进行的上市公司非流通股协议转让，证券交易所、证券登记结算公司一律不得办理股份转让、过户登记手续。2004年，上海证券交易所、深圳证券交易所和中国证券登记结算公司联合发布《上市公司非流通股股份转让业务办理规则》。按照该规则，上市公司股份转让必须在证券交易所进行，由上海证券交易所、深圳证券交易所和中国证券登记结算有限责任公司集中统一办理。严禁进行场外非法股票交易活动。至于各种非通过公开方式发行的股票及其他证券，一般不能到证券交易所上市流通，只能在场外交易。

建立多层次市场，可以满足不同层次的资金需求，拓展中小企业融资渠道，完善股权转让制度。证券界曾设想建立四个层次的资本市场架构，即积极培育蓝筹股市场；大力发展中小企业板；积极研究、适时推出创业板市场；整合代办股份转让系统，探索和完善统一监管下的股份转让制度。目前已经获国务院认可的多层次资本市场体系主要分为三个层次：主板、创业板和场外市场。完整的证券交易市场应当包括证券交易所集中市场（主板市场和二板市场）、半集中的代办股份转让市场、分散的交易市场（柜台市场、网上交易系统和产权交易市场）。

1. 场内市场

（1）主板市场。

主板市场（Main Board）也就是证券交易所市场。美国纽约证券交易所、英国伦敦证券交易所、德国法兰克福证券交易所、日本东京证券交易所、中国上海证券交易所和深圳证券交易所都属于这种证券交易场所。这种场所构成证券交易市场的核心和主干。

（2）中小企业板。

中小企业板主要面向已符合现有上市标准、成长性好、科技含量较高、行业覆盖面较广的各类公司。1999年《公司法》修订，其第二百二十九条增加一款作为第二款："属于高新技术的股份有限公司，发起人以工业产权和非专利技术作价出资的金额占公司注册资本的比例，公司发行新股、申请股票上市的条件，由国务院另行规定。”经国务院批准，中国证监会于2004年同意深圳证券交易所在主板市场内设立中小企业板块。同年，深圳证券交易所颁布了《中小企业板块上市公司特别规定》和《中小企业板块交易特别规定》。与主板市场相比，中小企业板块在信息披露和交易制度方面有所不同。中小企业板市场避免了直接推出创业板所带来的风险和不确定性，成为逐步向创业板市场过渡的市场形势。

（3）创业板。

创业板即二板市场（Second Board），它主要面向符合新规定的发行条件但尚未达到现有上市标准的成长型、科技型以及创新型企业。在美国，其二板市场纳斯达克对高新技术企业的发展起到了积极的推动作用。在中国，2000年之前，国务院及证券监管机构等就曾考虑设立创业板。2000年，深圳证券交易所暂停新股上市，并申请筹备创业板。但是，随着美国新经济泡沫的破灭，中国设立创业板的进程放缓。深圳证券交易所停止新股发行直至2004年，其主板改建为中小企业板块。2005年《公司法》降低了股份有限公司股本金规模，使更多公司可以利用资本市场。同时，现行《证券法》又降低了证券发行和上市的条件，消除了建立多层次证券市场的实质性障碍。2009年5月，中国证监会发布的《首次公开发行股票并在创业板上市管理暂行办法》开始施行，该办法对有关创业板的发行条件、信息披露、监督管理和法律责任等进行了具体规范，其实施将有利于规范首次公开发行股票并在创业板上市的行为，促进自主创新企业及其他成长型创业企业的发展。2009年6月，为保护投资者合法权益，引导投资者理性参与证券投资，促进创业板市场健康发展，中国证监会制定发布了《创业板市场投资者适当性管理暂行规定》。

2. 场外市场

场外市场是最古老的证券市场。场外交易场所分散，主要有代办股份转让市场、证券商营业柜台、证券报价系统、产权交易市场、证券登记结算公司结算系统等。场外上市极大地缓解了证券交易所的扩容压力，为不能或不愿到证券交易所上市的证券提供了流通的渠道，也为投资者提供了交易机会。现在，场外市场非常活跃并发挥着巨大的作用，中国场外证券交易市场也是如此。例如，美国90%以上的证券投资品种在场外市场交易，场外证券交易成交量占全部证券交易量的70%。中国上市公司的非流通股票、非上市股份公司发行的股票、非上市公司的债券可在场外交易。

（1）证券公司交易柜台。

证券公司交易柜台即证券公司自己的业务经营场所。证券公司可在柜台直接与投资者买卖证券。它分为自营买卖和代理买卖。前者，证券商以自己的名义，用自己的资金买入证券，然后卖出，赚取差价。后者，是证券商代理委托人买卖证券。在证券交易所出现之前，证券交易都是通过证券经纪公司柜台进行。上海和深圳证券交易所设立前，中国就存在这种场外交易场所。

（2）证券报价系统。

证券报价系统是依托电话、电传、计算机网络等从事证券交易的综合性场外交易市场。美国于20世纪70年代创设了美国全美证券商自动报价系统（National Association of Securities Dealers Automated Quotations，NASTAQ）。1992年中国成立全国证券自动报价系统（Securities Trading Automated Quotations System，STAQ）和中国证券交易系统有限公司（National

Electronic Trading System，NET）。1997 年到 1998 年，国务院取缔所有未经国务院批准擅自设立的证券交易自动报价系统、产权交易所（中心）、证券交易所（中心）等。1998 年，中国证监会命令关闭 STAQ 与 NET 这两个市场。

（3）代办股份转让系统。

代办股份转让系统是指具备相应资格的证券公司经中国证券业协会批准，并报中国证监会备案，可以其自有或租用的业务设施，采用电子交易方式，为非上市公司的股份提供转让服务。2001 年，经中国证监会批准，中国证券业协会发布《证券公司代办股份转让服务业务试点办法》，启动股份转让代办工作。它最初是为了解决 STAQ 系统和 NET 系统被关闭后，在两系统挂牌公司股票的转让问题。2002 年 8 月起，它开始接纳从上海和深圳证券交易所退市的公司的股份。2004 年中国证监会发布《关于做好股份有限公司终止上市后续工作的指导意见》，强制要求所有退市公司都须进入代办股份转让市场挂牌交易。2006 年中国证券业协会发布《证券公司代办股份转让系统中关村科技园区非上市股份有限公司股份报价转让试点办法》，代办转让中关村科技园区非上市股份公司的股份。2009 年，协会对该办法进行了修订，并发布了《主办券商推荐中关村非上市公司股份挂牌业务规则》。该股份代办转让系统被证券界视为中国建立“三板市场”的重要标志。但应注意，在代办股份转让市场转让的只是退市公司的流通股，非流通股依然只能通过协议方式进行转让。

（4）产权交易场所。

产权交易场所是由地方政府组建的进行产权、技术和股权转让的市场，是提供交易设施和组织交易、提供各种服务的自律管理的场所。中国产权交易场所是随着企业兼并的增多而产生的。1988 年，武汉市成立了中国第一家企业产权转让市场。产权交易场所往往通过拍卖、招标等方式进行交易。非上市公司的股份可以通过产权交易场所进行转让。按照国务院国有资产管理委员会 2003 年通过的《企业国有产权转让管理暂行办法》的规定，国有的非上市公司的股权转让必须在产权交易场所公开进行。

另外，银行间的债券市场也属场外市场。

（二）境内上市和境外上市

境内上市即境内直接上市，它是指国内公司以自己名义申请发行，并向境内交易所申请上市。它可分为 A 股股票上市和 B 股股票上市。

境外上市分为境外直接上市和境外间接上市。前者是指境内公司以自己的名义向境外证券监管机构申请并在境外上市。境外直接上市程序复杂、时间长、成本高。境外直接上市分为 H 股、N 股、S 股和 L 股上市。后者是指国内企业采取收购境外公司、到境外设立公司、向境外投资者发行存托凭证等方式上市。根据发行上市地点的不同，存托凭证可以分为美国存托凭证（American Depositary Receipt，ADR）、欧洲存托凭证（European Depository Receipt，EDR）、香港存托凭证（Hong Kong Depository Receipts，HKDR）、新加坡存托凭证（Singapore City Depository Receipts，SDR）、全球存托凭证（Global Depository Receipts，GDR）等。不论哪种境外上市均应遵守中国有关法规。《证券法》第二百三十八条规定：境内企业直接或者间接到境外发行证券或者将其证券在境外上市交易，必须经国务院证券监督管理机构依照国务院的规定批准。当然，境外上市自然应当遵守上市地国或地区的证券法律。境外上市涉及境内监管和境外监管，因此，需要加强各国和地区乃至国际监管合作。

（三）授权上市和认可上市

授权上市是指股份公司等证券发行人提出股票或公司债券的上市申请，证券交易所则依照规定的条件和程序决定是否核准其上市。中国《证券法》主要调整授权上市。

认可上市是指无须证券交易所的审查，可直接进入证券交易所上市交易。它主要适用于各种政府债券。对于政府债券，证券交易所通常无权拒绝或终止其上市。在中国，政府债券由证券交易所根据国务院授权的部门的决定安排上市交易。政府债券上市意义不大。

二、具备上市的条件

合理的上市条件可以保证上市公司的质量，增强投资者的信心，提高交易所的竞争实力，更好地发挥证券市场配置资源的作用。

2006 年之前，中国基本上采取强制上市制度，公开发行股票的公司都会获得中国证监会的上市核准。2006 年之后，证券发行后必须符合证券交易所规定的上市条件，并经过证券交易所核准才能上市。这些条件包括国家利益、公司利益、公司在市场中的地位、公司规模、公司经营、股权分布等。

在国外，证券上市条件一般由证券交易所依法根据具体情况做出规定。中国则由法律直接规定上市条件，同时，证券交易所可以规定高于法律规定的上市条件，并报国务院证券监督管理机构批准。国家鼓励符合产业政策并符合上市条件的公司股票上市交易。

证券交易所在接受证券上市前，除了审查是否符合《证券法》、交易所规定外，还会考查是否满足自己制定的“软指标”，包括申请人的行业特点、竞争能力、持续发展能力和改组方案等。

中国现行《证券法》规定的上市条件，不再与发行条件基本一致，而是与发行条件有所区别，一般高于发行条件；它较之以前规定的条件有所降低，这与发行条件的降低相适应，有利于满足公司上市要求；它贯彻了市场主体平等原则，不再像以前那样，依公司的经济性质不同给予不同待遇。

但是，中国法律似可改变上市条件的法定化，进一步将规定证券上市条件的权力交给证券交易所，同时，上海、深圳两个交易所应当利用法律的授权，根据自己不同的定位，结合不同类型、不同规模公司对证券市场的不同需求，规定不同的上市条件，以构建多层次、多结构的证券市场。

（一）股票上市的条件

1. 普通股股票的上市条件

我国《证券法》第五十条第一款规定，股份有限公司申请股票上市，应当符合下列条件。

（1）股票经国务院证券监督管理机构核准已公开发行。

（2）公司股本总额不少于人民币 3000 万元。

（3）公开发行的股份达到公司股份总数的 25% 以上；公司股本总额超过人民币 4 亿元的，公开发行股份的比例为 10% 以上。

（4）公司最近 3 年无重大违法行为，财务会计报告无虚假记载。

其中，第（2）项和第（3）项是为了保证上市股票达到足够的数量，从而具有较大的潜在交易量，满足正常流通的需要。第（3）项可以保证股权有所分散，进而确保足够的交易量，也可防止大股东的操纵。第（4）项则可反映公司的收益性和稳定性，提高投资安全性。与 1998 年《证券法》规定的条件相比，公司股本总额有所下调。另外，取消了开业时间 3 年以上、最近 3 年连续盈利、持有股票面值达人民币 1000 元以上的股东人数不少于 1000 人等条件。

依《证券法》第五十条第二款规定，证券交易所可以规定高于前述规定的上市条件，并报国务院证券监督管理机构批准。上海、深圳证券交易所制定了股票上市规则。不过，除“公司股本总额不少于人民币5000万元”一项以外，与《证券法》差异不大。另外，由于深圳证券交易所设有创业板市场，因此它还制定了创业板股票上市规则。

2. B股股票的上市条件

根据国务院《关于股份有限公司境内上市外资股的规定》，以募集方式设立公司，申请发行境内上市外资股的，应当符合下列条件。

（1）所筹资金用途符合国家产业政策。

（2）符合国家有关固定资产投资立项的规定。

（3）符合国家有关利用外资的规定。

（4）发起人认购的股本总额不少于公司拟发行股本总额的35%。

（5）发起人出资总额不少于1.5亿元人民币。

（6）拟向社会发行的股份达公司股份总数的25%以上；拟发行的股本总额超过4亿元人民币的，其拟向社会发行股份的比例达15%以上。

（7）改组设立公司的原有企业或者作为公司主要发起人的国有企业，在最近3年内没有重大违法行为。

（8）改组设立公司的原有企业或者作为公司主要发起人的国有企业，最近3年连续盈利。

（9）国务院证券委员会规定的其他条件。

（二）债券上市的条件

《证券法》第五十七条规定，公司申请公司债券上市交易，应当符合下列条件。

（1）公司债券的期限为1年以上。

（2）公司债券实际发行额不少于人民币5000万元。

（3）公司申请债券上市时仍符合法定的公司债券发行条件。

此外，上海、深圳证券交易所制定了债券上市规则。

三、实现证券上市

（一）上市保荐

《证券法》不仅要求发行保荐，而且要求上市保荐。《证券法》第四十九条规定：申请股票、可转换为股票的公司债券或者法律、行政法规规定实行保荐制度的其他证券上市交易，应当聘请具有保荐资格的机构担任保荐人。依照规定，上市保荐不适用于普通债券的上市。

上市保荐是指保荐机构为了推荐发行人证券上市，向证券交易所提交推荐书及其他文件。尽管中国实行上市保荐与发行保荐相分离，而且，上市保荐与发行保荐中接受文件的分别为证券交易所和中国证监会，保荐事项以及推荐书内容略有不同，但除此以外，同次发行的证券，其发行保荐和上市保荐应当由同一保荐机构承担，而且二者在实际标准、保荐机构承担的职责、提交文件的内容、注意事项等方面基本一致。

（二）申请上市

《证券法》第五十二条规定，申请股票上市交易，应当向证券交易所报送下列文件：①上市报告书；②申请股票上市的股东大会决议；③公司章程；④公司营业执照；⑤依法经会计师事务所审计的公司最近3年的财务会计报告；⑥法律意见书和上市保荐书；⑦最近一次的招股说明书；⑧证券交易所上市规则规定的其他文件。

《证券法》第五十八条规定，申请公司债券上市交易，应当向证券交易所报送下列文件：①上市报告书；②申请公司债券上市的董事会决议；③公司章程；④公司营业执照；⑤公司债券募集办法；⑥公司债券的实际发行数额；⑦证券交易所上市规则规定的其他文件。

申请可转换为股票的公司债券上市交易，还应当报送保荐人出具的上市保荐书。

（三）审核与签订协议

目前，各国证券上市审核有两种体制：一是美国的交易所审核制，即由证券交易所决定上市与否；二是日本与法国的监管机构审核制，即先由交易所审查，后交监管机构核准，或者直接由监管机构审核。

中国证券上市审查经历过交易所审核制、监管机构审批制、监管机构核准制等一系列变化。现行《证券法》采取交易所审核制，其第四十八条规定：申请证券上市交易，应当向证券交易所提出申请，由证券交易所依法审核同意，并由双方签订上市协议。证券交易所根据国务院授权的部门的决定安排政府债券上市交易。

据此，除了政府债券豁免上市申请、审核和收费，而由主管部门通知证券交易所上市外，其他证券上市须经证券交易所审核。证券交易所应在合理期限内完成审核。现行《证券法》将证券发行审核与上市审核分离，赋予证券交易所独立、充分的上市审核权。发行人即使符合发行条件并经中国证监会核准发行，证券交易所也可基于自己的规则和自身的考虑拒绝接受证券上市，但是，证券交易所应当公平和诚实地考虑上市申请。

证券交易所同意上市申请后，与公司签订上市协议，明确双方的权利义务。意味着证券发行人愿意接受证券交易所的上市规则，证券交易所也愿在此基础上接受证券上市，这表明证券发行人与证券交易所之间属于民商事法律关系。交易所与任何上市公司所签上市协议的内容与格式均应一致；确需与某些上市公司签署特殊条款时，报中国证监会批准。上市协议有助于完善上市公司治理，因为交易所通过上市协议，可以促使上市公司将上市条件或标准纳入公司章程，而无须经过股东之间复杂的谈判。上市协议还可促进上市公司的信息披露。

对于证券交易所做出的不予上市的决定不服的，可以向证券交易所申请复核。《证券法》第六十二条规定：对证券交易所做出的不予上市、暂停上市、终止上市决定不服的，可以向证券交易所设立的复核机构申请复核。

（四）披露信息

证券上市，上市公司应当依法履行信息披露义务。（在项目四中详细阐述）

（五）挂牌交易

在证券交易所同意接受股票上市并且上市公告书公开5日后，上市公司股票即可在证券交易所挂牌交易。投资者可以根据证券交易所的业务规则，委托证券公司买卖该上市股票。

任务二　暂停上市、特别处理和特别转让、终止上市

经典实例 

A股份有限公司是一家上市公司，深圳证券交易所决定暂停其公司股票上市交易，理由是：财务会计报告做虚假记载，可能误导投资者；公司最近3年连续亏损。A股份有限公司不同意这些理由，并且认为，深圳证券交易所无权决定公司股票暂停上市交易。

试分析：

（1）深圳证券交易所是否有权决定公司股票暂停上市交易？其法律根据是什么？

（2）深圳证券交易所决定暂停A股份有限公司股票上市交易的理由是否正确？暂停股票上市交易的情形有哪些？

（3）股份有限公司申请股票上市，应当符合什么条件？

（4）终止股票上市交易的情形有哪些？

暂停上市和终止上市属于证券退市机制。退市机制是规范市场结构、优胜劣汰和保障投资者整体利益的机制。和证券入市制度一样，有助于提高上市公司的整体质量，改善发行交易环境，从而从根本上保障广大投资者的利益。

美国1934年《证券交易法》为已经上市公司的退市提供了法律依据。此外，美国的证券交易所对上市公司的退市也有较大的处理权限。纽约证券交易所具体规定了退市的条件和程序。纳斯达克市场则实行1美元退市机制，即在纳斯达克上市的公司，其股票如果每股价格不足1美元，且这种状态持续30个交易日，纳斯达克市场将发出亏损警告；被警告的公司如果在警告发出的90天内，仍然不采取相应的措施改变其股价，将被宣布停止股票交易。

我国《证券法》对股票和公司债券的暂停和终止上市做出了明确规定，但没有规定对政府债券和证券投资基金份额等的暂停和终止上市。另外，《证券法》关于退市的标准和条件过于严格，对于退市公司信息披露、退市公司持续监管和投资者权益保护、退市公司恢复上市的条件和程序等还缺乏明确细致的规定。这些都需要特别法规或证券交易所规则予以明确。2001年，中国证监会修订发布《亏损上市公司暂停上市和终止上市实施办法》。该办法就上市公司连续亏损，其股票暂停上市、恢复上市和终止上市等做了具体规定。2003年中国证监会发布了《关于执行〈亏损上市公司暂停上市和终止上市实施办法（修订）〉的补充规定》。此外，上海和深圳证券交易所也对暂停上市和终止上市做了具体规定。例如，2006年深圳证券交易所发布了《中小企业板股票暂停上市、终止上市特别规定》。

一、暂停和恢复上市

（一）暂停上市

暂停上市又称停牌，是指证券监管机构或证券交易所依照法律法规或交易所规则、上市协议，停止证券上市交易。暂停上市通常分为两种：一是监管机构或证券交易所决定暂停证券上市；二是上市公司申请暂停证券上市。

关于证券交易所决定股票暂停上市，《证券法》第五十五条规定，上市公司有下列情形之一的，由证券交易所决定暂停其股票上市交易。

（1）公司股本总额、股权分布等发生变化，不再具备上市条件。

（2）公司不按照规定公开其财务状况，或者对财务会计报告做虚假记载，可能误导投资者。

（3）公司有重大违法行为。

（4）公司最近3年连续亏损。

（5）证券交易所上市规则规定的其他情形。

关于债券暂停上市，《证券法》第六十条规定：公司债券上市交易后，公司有下列情形之一的，由证券交易所决定暂停其公司债券上市交易。

（1）公司有重大违法行为。

（2）公司情况发生重大变化不符合公司债券上市条件。

（3）公司债券所募集资金不按照核准的用途使用。

（4）未按照公司债券募集办法履行义务。

（5）公司最近两年连续亏损。

另外，上市公司可以申请暂停股票上市。根据中国证监会发布的《证券交易所管理办法》（2001年修订）第五十七条规定，上市公司依据上市协议提出停牌申请的，证券交易所应当暂停上市公司的股票交易，并要求上市公司立即公布有关信息。上市公司申请暂停上市的原因主要有：回避严格的信息披露，节约上市费用，防止敌意收购，不可能或不必要通过资本市场进行再融资、税收上的考虑。

（二）恢复上市

暂停事由排除后，证券恢复上市。按照规定，暂停上市的公司在宽限期内第一个会计年度是盈利的，可以在年度报告公布后，向中国证监会提出恢复上市的申请。中国证监会受理公司恢复上市的申请后，应当提交发审委审核，并在3个月内做出是否予以核准的决定。

公司在接到中国证监会恢复上市的决定后，应在两个工作日内在指定报纸和网站上登载《股票恢复上市公告》。公司股票在登载《恢复股票上市公告》后的第一个交易日恢复上市交易。

二、特别处理和特别转让

1998年4月22日，沪、深证券交易所宣布，上市公司出现财务状况或其他状况异常，导致其股票存在终止上市风险，或者投资者难以判断公司前景，其投资权益可能受到损害的，交易所对该公司股票交易实行特别处理（Special Treatment，ST）。特别处理分为警示存在终止上市风险的特别处理和其他特别处理。

退市风险警示的处理措施包括：在公司股票简称前冠以“*ST”字样，以区别于其他股票；股票报价的日涨跌幅限制为5%。

其他特别处理的处理措施包括：在公司股票简称前冠以“ST”字样，以区别于其他股票；股票报价的日涨跌幅限制为5%。

沪、深证券交易所从1999年7月9日起，对暂停上市的股票实施“特别转让服务”（Particular Transfer，PT）。PT股的交易价格及竞价方式与正常交易股票有所不同。2002年2月25日沪、深交易所取消了特别转让服务。

三、终止上市

上市终止又称摘牌，是指上市证券丧失在证券交易所挂牌交易的资格，不得在证券交易所挂牌上市。它一般分为三种：一是自动终止，如债券到期上市终止；二是出现法定事由而监管机构或证券交易所决定终止证券上市，比如证券不符合上市条件终止上市、暂停期满未能消除暂停原因终止上市；三是上市公司基于自身利益的考虑申请终止上市。

关于证券交易所决定股票终止上市，《证券法》第五十六条规定，上市公司有下列情形之一的，由证券交易所决定终止其股票上市交易。

（1）公司股本总额、股权分布等发生变化不再具备上市条件，在证券交易所规定的期限内仍不能达到上市条件。

（2）公司不按照规定公开其财务状况，或者对财务会计报告做虚假记载，且拒绝纠正。

（3）公司最近3年连续亏损，在其后一个年度内未能恢复盈利。

（4）公司解散或者被宣告破产。

（5）证券交易所上市规则规定的其他情形。

需要注意的是，股权分布发生变化可能导致公司退市，但上述上市条件对股权分布并无规定。

关于债券终止上市，《证券法》第六十一条规定：公司有该法第六十条第（1）（4）项所列情形之一经查实后果严重的，或者有第六十条第（2）（3）（5）项所列情形之一，在限期内未能消除的，由证券交易所决定终止其公司债券上市交易。

对于证券交易所做出的终止上市的决定不服的，可以向证券交易所申请复核。根据最高人民法院2001年公布的《关于上海水仙电器股份有限公司股票终止上市后引发的诉讼应否受理等问题的复函》，中国证监会按照其法定职权针对特定的上市公司做出的退市决定，属于《行政诉讼法》规定的可诉的具体行政行为，股东对中国证监会做出的退市决定提起诉讼的，人民法院应依法受理。但是，2005年《证券法》已将核准上市乃至终止上市的权力授予证券交易所，而证券交易所属于自律性组织，其行为并非行政行为，不能依照该复函处理。2005年最高人民法院施行《关于对与证券交易所监管职能相关的诉讼案件管辖与受理问题的规定》，证券交易所终止上市的决定应当属于该规定所述的民事诉讼案件。

股票终止上市后，为了保护投资者利益，股票发行人可以委托有资格的证券公司代办股票转让，股票可以在中国证券业协会举办的代办股份转让系统中交易。上市证券被终止上市的，可以在终止原因消除后，重新申请上市。

闯关考验

1. 根据证券法律制度的规定，下列选项中，属于股份有限公司申请股票上市应当符合的条件有（　　）。

A．公司股本总额不少于人民币5000万元

B．公司股本总额超过人民币2亿元的，公开发行股份的比例为10%以上

C．公司最近3年无重大违法行为，财务会计报告无虚假记载

D．股票经中国证监会核准已公开发行

2. 根据证券法律制度的规定，下列选项中，证券交易所可以决定暂停上市公司股票上市的情形有（　　）。

A．公司股本总额由1亿元减少到4000万元

B．公司不按照规定公开其财务状况

C．公司最近两年连续亏损

D．公司编制虚假的财务会计报告

3. 根据证券法律制度的规定，上市公司发生的下列情形中，证券交易所可以决定暂停其股票上市的有（　　）。

A．公司的股票被收购人收购达到该公司股本总额的70%

B．公司最近3年连续亏损

C．公司对财务会计报告做虚假记载

D．公司发生重大诉讼

4. 根据证券法律制度的规定，上市公司的下列情形中，属于应当由证券交易所决定终止其股票上市交易的有（　　）。

A．不按规定公开其财务状况，且拒绝纠正

B．股本总额减至人民币5000万元

C．最近3年连续亏损，在其后一个年度内未能恢复盈利

D．对财务会计报告做虚假记载，且拒绝纠正

5. 甲上市公司拟非公开发行股票，其发行方案的下列内容中，符合证券法律制度规定的是（　　）。

A．本次非公开发行股票的对象为20名机构投资者

B．本次非公开发行股票的对象中包括乙信托公司管理的一个集合资金信托计划

C．本次非公开发行股票的发行价格，不得低于定价基准日前20个交易日公司股票均价的90%

D．投资者在本次非公开发行中认购的股份，自发行结束之日起3个月内不得转让

6. 根据上市公司证券发行的有关规定，下列关于上市公司非公开发行股票的表述中，正确的有（　　）。

A．发行对象不得超过200人

B．发行价格不得低于市场交易价格

C．控股股东认购的股份36个月内不得转让

D．非控股股东认购的股份在12个月内不得转让

7. 上市公司发生下列情形时，属于证券法律制度禁止其增发股票的有（　　）。

A．公司在3年前曾经公开发行过可转换公司债券

B．公司现任监事在最近36个月内曾经受到过中国证监会的行政处罚

C．公司在前年曾经严重亏损

D．公司现任董事因涉嫌违法已被中国证监会立案调查

8. 某股份有限公司拟公开发行股票并上市。根据证券法律制度的有关规定，下列各项中，符合公司首次公开发行股票并上市的条件的有（　　）。

A. 公司发行股票前股本总额为人民币6000万元

B. 公司上一年度严重违反环境保护管理法规受到罚款的行政处罚

C. 公司最近3个会计年度净利润均为正数且累计为人民币4000万元

D. 公司最近1个会计年度的净利润主要来自合并财务报表范围以外的投资收益

9. 根据证券法律制度的规定，某上市公司发行的公司债券上市交易后，下列情形中，证券交易所可以决定暂停公司债券上市交易的有（　　）。

A．最近两年连续亏损

B．有重大违法行为

C．净资产额减至人民币5000万元

D．不按审批机关批准的用途使用公司债券募集资金

10. 根据证券法律制度的规定，国务院证券监督管理机构可暂停上市公司债券上市交易的情形是（　　）。

A．公司因经济纠纷被起诉　　B．公司前一年发生亏损

C．公司未按公司债券募集办法履行义务　　D．公司董事会成员组成发生重大变化

11. 根据证券法律制度的有关规定，下列各项中，属于发行公司债券应当符合的条件有(　　)。

A．股份有限公司的净资产不低于3000万元

B．有限责任公司的净资产不低于5000万元

C．本次发行后累计公司债券余额不超过最近一期末净资产额的50%

D．最近3个会计年度实现的年均可分配利润不少于公司债券1年的利息

微语录

项目四
证券市场信息披露法律实务

学习目标

◁掌握证券发行信息公开的范围

◁重点掌握持续性信息披露制度的主要内容

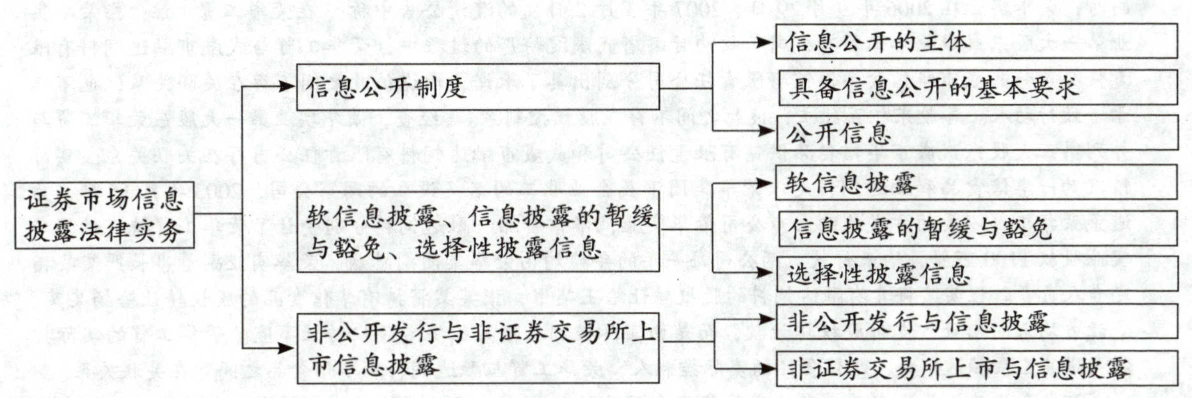

经查明荣华实业存在以下违法事实。

1. 擅自改变募集资金用途，未按规定予以披露

（1）擅自将5万吨赖氨酸项目改扩建为年产12万吨谷氨酸项目，未按规定对变更情况予以披露。

2006年8月，荣华实业编制了《五万吨赖氨酸项目改扩建年产十二万吨谷氨酸项目工程概算》。之后，在未经股东大会审议通过的情况下，荣华实业于2006年10月开始拆除赖氨酸项目设备，并于2007年3月正式开始改建。直至2007年5月12日，荣华实业临时股东大会方才审议通过了《关于调整募集资金投向改建年产12万吨谷氨酸生产线项目的议案》。荣华实业的上述行为属于擅自改变募集资金用途的行为。同时，对于上述5万吨赖氨酸项目改扩建年产12万吨谷氨酸项目的事实，荣华实业既未按规定及时披露募集资金投向变更，也未在2006年年度报告中如实披露已变更的情况。直至2007年4月8日，荣华实业才发布了《变更募集资金用途公告》。

（2）擅自处置年产10万吨玉米淀粉生产线项目，未按规定予以披露。

2006年7月6日，荣华实业与温州市兰新不锈钢材料有限公司签订《协议书》，以年产10万吨玉米淀粉生产线项目的部分淀粉设备计价825704万元，置换兰新公司不锈钢管材266.35吨，荣华实业法定代表人张某某在协议上签字。2006年7月27日，荣华实业与中粮粮油进出口公司签订《执行和解协议书》，以被法院查封的玉米淀粉生产线部分设备作价2200万元抵偿对中粮粮油公司的部分债务。荣华实业总经理刘某某在和解协议上签字。直至2006年12月28日，荣华实业股东大会方才审议通过《关于处置募集资金在建项目"年产10万吨淀粉生产线"案》，并予以公告。

2. 未如实披露股东关联关系

荣华实业在2005年中期报告、2005年年度报告、2006年中期报告、2006年年度报告中称：公司未知前十大股东之间、前十大流通股股东之间，以及前十大流通股股东和前十大股东之间是否存在关联关系，是否属于《上市公司股东持股变动信息披露管理办法》（2006年9月1日废除）规定的一致行动人。同时，荣华实业在2006年9月29日、2007年3月2日发的澄清公告中称："在荣华工贸（注：指荣华实业第一大股东武威荣华工贸有公司）收购甘肃省武威淀粉厂的过程中，荣华工贸与武威市融达饲料有限责任公司和武威市华信食品供销有限责任公司分别出具了承诺，承诺彼此之间不存在关联关系，也不属于一致行动人。各股东相互独立，彼此之间不存在股权控制系。"经查，荣华实业第一大股东荣华工贸与并列第三大股东武威市华信食品供销有限责任公司和武威市融达饲料有限责任公司存在关联关系。实际情况为：华信食品和融达饲料是以荣华集团下属企业职工的名义设立的两家公司，2003年月15日，为避免荣华工贸以要约方式收购上市公司荣华实业，华信食品、融达饲料分别受让了荣华工贸持有的荣华实业股权1100万股，均未付款。两公司每一年的年检均由荣华集团副总裁、荣华实业副董事长严某某指定专人负责。程某某将其有融达饲料的股权转让给王某甲，张某某将持有华信食品的股权转让给杨某某，受让方均未向出让方支付股权转让款，而是由实际控制人张某乙决定股权转让事宜。荣华工贸的实际控制人张某乙系融达饲料、华信食品的实际控制人，荣华工贸与融达饲料和华信食品之间存在关联关系。

证监会认为：荣华实业擅自改变募集资金用途的行为，违反了《证券法》第十五条的规定，构成了《证券法》第一百九十四条的行为。荣华实业未及时披露募集资金用途改变的行为，违反了《证券法》第六十七条有关临时报告的规定，构成了《证券法》第一百九十三条所述的行为。荣华实业在相关定期报告中未如实披露股东关联关系和募集资金用途改变的行为，违反了1998年《证券法》第五十九条和《证券法》第六十三条有关上市公司信息披露的规定，构成了1998年《证券法》第一百七十七条和现行《证券法》第一百九十三条所述的行为。

对于证监会的认定，荣华实业及其董事、监事和高级管理人员提出了申辩。但是，证监会认为申辩理由不能成立，理由如下。

其一，根据《证券法》第十五条有关"公司对公开发行股票所募集资金，必须按照招股说明书所列资金用这使用。改变招股说明书所列资金用途，必须经股东大会做出决议"的规定。荣华实业将5万吨赖氨酸项目改为扩建年产12万吨谷氨酸项目，必须先经股东大会做出决议。但实际情况是，在2007年5月12日股东大会审议之前，荣华实业于2006年下半年便开始拆除赖氨酸项目设备，并于2007年3月

正式开始改建。这些行为已经构成对募集资金用途的改变，并非募集资金用途改变之前的研究和筹备。

其二，判断上市公司股东之间是否具有关联关系，不应单纯以工商登记资料为依据，而应当以实质重于形式的原则进行认定。就融达饲料而言，单从工商登记资料看，融达饲料由程某某等8人出资设立，其中程某某出资60万元。2002年5月，程某某将持有的股权转让给王某某。但实际情况是，程某某等人均为荣华集团下属企业职工，在设立融达饲料时并没有出资，程某某将持有的股权转让给王某某也没有收取转让款，此次股权划转实际上是由荣华工贸实际控制人张某某个人决定的。另外，为了避免荣华工贸要约收购，融达饲料于2003年4月15日受让了荣华工贸持有的荣华实业股权1100万股，没有付款。此外，融达饲料年检情况、涉案人员的询问笔录等，也都清楚地说明融达饲料是受张某某控制的公司。华信食品的情况同融达饲料类似。荣华工贸与华信食品和融达饲料存在关联关系。

此外，根据《证券法》第六十八条有关“上市公司董事、监事、高级管理人员应当保证上市公司所披露的信息真实、准确、完整”的规定，对于上市公司披露的信息，上市公司的董事、监事和高级管理人员都负有保证其真实、准确、完整的义务。仅以未参与具体决策或者不知情为由，并不能免除其在信息披露上应当承担的法律责任。

任务一　信息公开制度

信息公开制度是《证券法》公开原则的具体要求和反映，是规定信息公开的主体、标准、内容、时间、方式、程序和责任等事项的法律规范。一个强大的证券市场，其法律和制度必须为中小投资者提供评估公司价值所需的信息，以及具有确信不会被公司内部人欺骗的信心。

中国实行信息的强制披露制度，并已通过国家的法律和行政法规、中国证监会的规章和披露格式、证券交易所等自律机构的披露规则建立了比较完备的信息披露制度。这些法律和规则包括《证券法》《上市公司信息披露管理办法》（中国证监会2006年发布）以及中国证监会发布的《公开发行证券的公司信息披露内容与格式准则》《公开发行证券的公司信息披露编报规则》《证券投资基金信息披露内容与格式准则》《股票发行审核标准备忘录》等。强制披露制度，辅以市场准入监管以及提高机构投资者的比例，基本解决了证券市场信息不对称带来的问题，为证券市场的发展奠定了坚实的基础。

一、信息公开的主体

中国《证券法》第二十条规定：发行人向国务院证券监督管理机构或者国务院授权的部门报送的证券发行申请文件，必须真实、准确、完整。为证券发行出具有关文件的证券服务机构和人员，必须严格履行法定职责，保证其所出具文件的真实性、准确性和完整性。

《证券法》第六十三条规定：发行人、上市公司依法披露的信息，必须真实、准确、完整，不得有虚假记载、误导性陈述或者重大遗漏。《证券法》第六十八条第三款规定：上市公司董事、监事、高级管理人员应当保证上市公司所披露的信息真实、准确、完整。《证券法》第七十八条规定：禁止国家工作人员、传播媒介从业人员和有关人员编造、传播虚假信息，扰乱证券市场。禁止证券交易所、证券公司、证券登记结算机构、证券服务机构及其从业人员，证券业协会、证券监督管理机构及其工作人员，在证券交易活动中做出虚假陈述或者信息误导。各种传播媒介传播证券市场信息必须真实、客观，禁止误导。此外，《证券法》第八十六条、第九十条、第九十一条、第九十四条和第一百条规定了上市公司收购活动中收购人的信息披露义务。

可见，承担信息公开义务或责任的主体相当广泛，包括发起人、控股股东等实际控制人，证券发行人、上市公司、上市公司收购人及其董事、监事和高级管理人员，证券交易所、证券公司、证券登记结算机构、证券服务机构及其从业人员，保荐人、承销商，证券业协会、证券监督管理机构及其工作人员，各种传播媒介及其从业人员，国家工作人员以及其他有关人员。

这些主体有关信息披露的义务和责任不尽相同，需要根据具体的规定和情形做出判定。例如，有的主体必须依法积极披露，有的主体只需保持沉默而不进行编造或传播虚假信息即可。

二、具备信息公开的基本要求

经典实例 

某石化类上市公司X公司，是国有企业J石油化工总厂2003年以部分生产性资产独家定向募集设立的股份有限公司，2006年作为历史遗留问题公司上市。X公司上市当年取得了每股1.2元的良好业绩；2007年业绩每股1.18元，分红是10送10配3每股15元，在投资者面前树立了绩优高成长的良好形象，股价一路走高。但是在2008年X公司业绩“大变脸”，股价也一路走低，套牢了一批追捧者。

仔细阅读公司的财务报表及报表附注等资料可以发现，关联交易造成了公司业绩的大幅波动。2006—2007年，X公司生产的产品全部售给母公司J石油化工总厂，至于原材料，也由母公司以低于市场价的价格供应。2008年，J石油化工总厂改制，与X公司的供销关系按市场化原则处理。X公司由于没有自己的供销体系，随即陷入困境，业绩大幅下滑。

证监会提醒投资者，关联交易对上市公司的业绩有着重要影响，特别是一股独大的上市公司。根据中国目前的会计准则和上市公司信息披露的要求，财务报告必须披露关联交易的相关内容。投资者在阅读上市公司财务报表时，不仅要关注公司的业绩等财务数字，更要关注业绩是如何取得的，关注关联交易的金额、比重、价格以及上市后历年关联交易情况等。要善于识别、利用关联交易包装业绩的一些手法。关联交易金额大、所占比重高、价格不公允的，投资者应当警惕。

按照证券法律，只有重大的信息才需要公开，否则，事无巨细，不但会加重信息披露成本，也会增加投资者判别信息的难度。何谓重大？对此，美国学者倾向于只要符合唱响谨慎投资者做出“明智决策”或者“影响上市公司证券市场价格”标准的，就构成重大信息。中国法规也是如此。对招股说明书以及年度报告等采取“影响谨慎投资者做出明确决策”标准，而对临时报告则采“影响上市公司证券市场价格”标准。尽管各种法律、法规和规章都详细列举了应予披露的重大事项，但它们只是对信息披露的最低要求，实际上，凡对投资者做出投资决策有重大影响的信息，都要披露，而不论是否明确规定。重大信息的公开应当符合真实、完整、准确、及时和易得的要求。

（一）真实性

真实性是指公开的信息必须具有客观性、一致性，不得做虚假陈述。客观性是指信息所反映的情况必须是客观的，是已经实际发生或者确定要发生的，而不是无中生有，随意捏造的。一致性是指信息所反映的情况与实际发生的事实必须相符，不能夸大或缩小；而且，信息所依据的标准应当保持历史的一贯，如有变动则应做出说明。与真实性相对的就是虚假陈述。

（二）完整性

完整性是指必须依照法律、法规和有关规则公开全部信息，不得有重大遗漏或隐瞒。披露义务人应对公开的信息做全面、充分的描述，能使投资者足以做出综合的投资判断。披露义务人不能仅仅披露对公司股份有利的信息，而不披露相反的信息。如果发生重大遗漏甚至隐瞒，即使已经公开的信息具有真实性，总体而言也构成虚假。

（三）准确性

准确性是指公开的信息必须准确无误，不得有误导性陈述。准确性强调信息发布者与信息接收者以及各个信息接收者之间对同一信息在理解上的一致性。为了满足准确性要求，首先应当按照明确的法律标准、会计准则公开信息，其次应当依照语言文字的通常含义公开信息，最后应当依照一般投资者的正常理解能力使用相关概念、术语、字句、表述方式。如果使用模糊不清的语言或者复杂的格式发布信息，引发歧义或多种理解，误导了投资者，就属违背准确性要求。

（四）及时性

及时性是指必须在法定的时间或合理的时间内公开信息，不得迟延。需要公开的信息在相应的事实发生后，义务人应当依法尽快公开，而不能延误时机，向公众提供过时的或陈旧的信息。一方面，陈旧的信息所反映的情况对市场价格的影响早已被新的尚未公开的情况所抵消，或者被变动的市场所吸收，不再具有价格信号的功能，它们对于投资者做出投资判断已经没有意义；另一方面，过时公开信息将给内幕人员留下可乘之机，内幕人员有可能先于其他投资者掌握信息从事内幕交易，破坏公平原则，损害证券市场的效率。

（五）易得性

公开信息应当以法定方式在指定的地点进行，方便投资者获取信息。按《证券法》第七十条规定，依法必须披露的信息，应当在国务院证券监督管理机构指定的媒体发布，同时将其置备于公司住所、证券交易所，供社会公众查阅。中国证监会2006年公布的《上市公司信息披露管理办法》第六条规定，信息披露义务人可在公司网站及其他媒体发布信息。但是，不得先于指定媒体，不得以新闻发布或者答记者问等任何形式代替应当履行的报告、公告义务，不得以定期报告形式代替应当履行的临时报告义务。

三、公开信息

经典实例 

【实例1】

证监会查明，金荔科技存在以下违法事实。

（1）2006年12月，金荔科技在没有签订偿债协议、资产权属不清的情况下，对以资抵债事项进行账务处理，将抵债资产作为金荔科技资产进行核算，导致金荔科技2006年年度报告中资产负债表虚增固定资产及无形资产79059574.12元。

（2）金荔科技2006年未对其广州分公司的账面固定资产计提折旧、未对无形资产和长期待摊费用进行摊销，导致2006年年度报告中损益表少计费用22274855.74元，虚增利润22274855.74元。

（3）金荔科技2006年伪造居间合同、本票等文件，虚构收取中介佣金3500万元用于归还秦皇岛路建工程机械有限公司欠款，导致2006年年度报告中损益表虚增收入3500万元，虚增利润3311万元。

时任董事长刘某某是上述违法违规行为直接负责的主管人员，同意并在通过2006年年度报告董事会决议上签字的时任董事管某某等为其他直接责任人员。

证监会认定，金荔科技的上述行为违反了《证券法》第六十三条关于上市公司依法披露的信息……不得有虚假记载的规定，构成了《证券法》第一百九十三条所述“发行人、上市公司或者其他信息披露义务人未按照规定披露信息，或者所披露的信息有虚假记载、误导性陈述或者重大遗漏”的行为。

【实例2】

证监会查明，施某某存在以下违法事实：2007年6月7日至6月25日，施某某和郁某某夫妻作为一致行动人，共同持有“阳光发展”的股票比例达到并超过阳光发展已发行股份的5%后，未向中国证券监督管理委员会或派出机构、深圳证券交易所做出书面报告，未通知阳光发展，未予以公告。

施某某的上述行为违反了《证券法》第八十六条“通过证券交易所的证券交易，投资者持有或者通过协议、其他安排与他人共同持有一个上市公司已发行的股份达到5%时，应当在该事实发生之日起三日内，向国务院证券监督管理机构、证券交易所做出书面报告，通知该上市公司，并予公告”的规定，构成了《证券法》第一百九十三条所述“发行人、上市公司或者其他信息披露义务人未按照规定披露信息”的行为。

施某某在申辩中提出，他不熟悉证券监管的法律，其行为客观上未扰乱证券市场秩序，也未对上市公司及其他投资者造成损失。因此，要求免予处罚。

证监会认为，投资者参与证券市场交易应当熟悉相关法律法规，懂法守法，依法投资，严格履行法律规定的各项义务。当事人施某某及一致行动人在证券交易过程中，持股比例达到5%时，未履行法律规定的报告和披露义务，扰乱了证券市场秩序，损害了投资者的合法权益，应当予以处罚。

（一）公开证券发行文件

1. 披露股票发行的信息

《证券法》第六十四条规定：经国务院证券监督管理机构核准依法公开发行股票，或者经国务院授权的部门核准依法公开发行公司债券，应当公告招股说明书、公司债券募集办法。依法公开发行新股或者公司债券的，还应当公告财务会计报告。

（1）首次公开发行股票的信息披露——招股说明书。

招股说明书是由发行人制定、中国证监会核准、向社会公众公开公司主要事项及招股情况的专门文件。发行人应当按照中国证监会2006年修改发布的《公开发行证券的公司信息披露内容与格式准则第1号——招股说明书》编制和公开招股说明书。

①招股说明书的编制。招股说明书应当按照规定格式记载规定事项，并列明备查文件。招股说明书内容与格式准则是信息披露的最低要求。不论准则是否有明确规定，凡是对投资者做出投资决策有重大影响的信息，均应当予以披露。如果准则的某些具体要求对发行人确实不适用的，发行人可根据实际情况，在不影响披露内容完整性的前提下做适当调整，但应在申报时做书面说明。

②招股说明书的预先披露。证券发行申请人应将招股说明书与其他有关文件一并送证券监管机构审查批准。《证券法》第二十一条规定：发行人申请首次公开发行股票的，在提交申请文件后，应当按照国务院证券监督管理机构的规定预先披露有关申请文件。中国证监会2006年发布的《首次公开发行股票并上市管理办法》第五十八条规定：申请文件受理后，发行审核委员会审核前，发行人应当将招股说明书（申报稿）在中国证监会网站（www.csrc.gov.cn）预先披露。同时，第六十条规定：预先披露的招股说明书（申报稿）不是发行人发行股票的正式文件，不能含有价格信息，发行人不得据此发行股票。发行人应当在预先披露的招股说明书（申报稿）的显要位置声明：“本公司的发行申请尚未得到中国证监会核准。本招股说明书（申报稿）不具有据以发行股票的法律效力，仅供预先披露之用。投资者应当以正式公告的招股说明书全文作为作出投资决定的依据。”

通过预先披露，社会公众可以通过适当途径向中国证监会反映有关情况，以便中国证监会更加深入地了解申请人的具体情况。同时，申请人和相关中介机构也会更加审慎地处理信息披露事宜。此外，可以增加监管机构审核的透明度。这都有利于提高信息披露的质量，防范发行人采取虚假手段骗取发行上市资格。另外，预先披露的招股说明书（申报稿）不含有价格信息，是考虑到市场瞬息万变，发行价格过早确定，不能适应市场的需求。证券发行价格通过市场询价确定后，在此后的招股说明书摘要中公开，或者另用发行价格公告予以公开。

③招股说明书的审核。证券监管机构在收到送审文件后，应在法定期限内做出审核。

④招股说明书及相关文件的公开。发行人应当在发行前将招股说明书摘要刊登于至少一种中国证监会指定的报刊，同时将招股说明书全文刊登于中国证监会指定的网站，并将招股说明书全文置备于发行人住所、拟上市证券交易所，保荐人，主承销商和其他承销机构的住所，以备公众查阅。

保荐人出具的发行保荐书、证券服务机构出具的有关文件应当作为招股说明书的备查文件，在中国证监会指定的网站上披露，并置备于发行人住所、拟上市证券交易所，保荐人、主承销商和其他承销机构的住所，以备公众查阅。

发行证券的信息依法公开前，任何知情人不得公开或者泄露该信息。按照《证券法》第七十一条第二款规定，证券监督管理机构、证券交易所、保荐人、承销的证券公司及有关人员，对公司依照法律、行政法规规定必须做出的公告，在公告前不得泄露其内容。

⑤对招股说明书的保证责任。发行人及其全体董事、监事和高级管理人员应当在招股说明书上签字、盖章，保证招股说明书的内容真实、准确、完整。保荐人及其保荐代表人应当对招股说明书的真实性、准确性、完整性进行核查，并在核查意见上签字、盖章。

发行人及其全体董事、监事和高级管理人员应当保证预先披露的招股说明书（申报稿）的内容真实、准确、完整。

⑥招股说明书的有效期。招股说明书的有效期为6个月，自中国证监会核准发行申请前招股说明书最后一次签署之日起计算。经核准公告，招股说明书具有要约邀请的法律效力。

（2）增发股票时的信息披露。

①中国证监会审核前的信息披露。上市公司做出发行新股的决定，应当按照规定披露如下有关信息。

a. 公告董事会决议。

b. 公告召开股东大会的通知。股票发行议案经董事会表决通过后，应当在2个工作日内报告证券交易所，公告召开股东大会的通知。

c. 股东大会召开前的董事会公告。

d. 公告股东大会决议。股东大会通过本次发行议案之日起2个工作日内，上市公司应当公布股东大会决议。

②关于审核的信息披露。上市公司收到中国证监会关于本次发行申请的下列决定后，应当在次一工作日予以公告：不予受理或终止审查；不予核准或予以核准。上市公司决定撤回证券发行申请的，应当在撤回申请文件的次一工作日予以公告。

③核准后的信息披露。获得中国证监会的发行核准后，发行人应当公开如下文件。

a. 招股意向书或配股说明书。上市公司在公开发行股票前的2 ~ 5个工作日内，应当将符合中国证监会核准的募集说明书摘要或者募集意向书摘要刊登在至少一种中国证监会指定的报刊，同时将其全文刊登在中国证监会指定的互联网网站，置备于中国证监会指定的场所，供公众查阅。

b. 网上、网下发行公告。

c. 网上、网下路演公告。

d. 询价公告。

e. 发行结果公告。

招股意向书的格式和内容与招股说明书相差无几，其差异在于：一方面，招股意向书缺少发行价格和数量。这是由于许多上市公司在发行新股时采取累积投标询价，在公告时还无法确定发行价格及数量。另一方面，招股意向书更加强调上市公司前次募集资金的运用情况。

公开募集股票说明书自最后签署之日起6个月内有效。

2. 披露公司债券募集办法

（1）发行一般债券时的信息披露。

根据《公司法》第一百五十五条的规定，发行公司债券的申请经国务院授权的部门核准后，应当公告公司债券募集办法。《上市公司信息披露管理办法》第十一条至第十六条有关招股说明书的规定，适用于公司债券募集说明书。

（2）发行可转换公司债券时的信息披露。

发行可转换公司债券应当披露发行前的董事会公告和股东大会公告、募集说明书。

募集说明书应当按照中国证监会《公开发行证券的公司信息披露内容与格式准则第13号——可转换公司债券募集说明书》（2003年修订）的规定编制和公告。

（二）披露证券上市公告书

1. 股票上市

（1）初次发行股票的上市公告书。

《证券法》第五十三条规定：股票上市交易申请经证券交易所审核同意后，签订上市协议的公司应当在规定的期限内公告股票上市的有关文件，并将该文件置备于指定场所供公众查阅。《上市公司信息披露管理办法》第十五条规定：申请证券上市交易，应当按照证券交易所的规定编制上市公告书，并经证券交易所审核同意后公告。发行人的董事、监事、高级管理人员，应当对上市公告书签署书面确认意见，保证所披露的信息真实、准确、完整。

《证券法》第五十四条规定：签订上市协议的公司除公告前条规定的文件外，还应当公告下列事项：①股票获准在证券交易所交易的日期；②持有公司股份最多的前10名股东的名单和持股数额；③公司的实际控制人；④董事、监事、高级管理人员的姓名及其持有本公司股票和债券的情况。

（2）增发股票的上市公告书。

增发股票上市也应依法披露上市公告书。

2. 债券上市

（1）一般债券的上市文件。

《证券法》第五十九条规定：公司债券上市交易申请经证券交易所审核同意后，签订上市协议的公司应当在规定的期限内公告公司债券上市文件及有关文件，并将其申请文件置备于指定场所供公众查阅。

（2）可转换公司债券的上市。

可转换公司债券上市申请获准后，上市公司应当在可转换债券上市前5个交易日内，在指定的媒体上公开上市公告书。

（三）披露定期报告

上市公司应当披露的定期报告包括年度报告、中期报告和季度报告。公司董事、高级管理人员应当对定期报告签署书面确认意见，监事会应当提出书面审核意见，说明定期报告的编制和审核程序是否符合法律、行政法规和中国证监会的规定，报告的内容是否能够真实、准确、完整地反映上市公司的实际情况。董事、监事、高级管理人员对定期报告内容的真实性、准确性、完整性无法保证或者存在异议的，应当陈述理由和发表意见，并予以披露。

1. 年度报告

《证券法》第六十六条规定：上市公司和公司债券上市交易的公司，应当在每一会计年度结束之日起 4 个月内，向国务院证券监督管理机构和证券交易所报送记载规定内容的年度报告，并予公告。

年度报告是指在每个会计年度结束时，由信息公开义务人依法制作并提交的、反映信息公开义务人整个会计年度基本经营情况、财务情况等重大信息的法律文件。

年度报告应当按照《证券法》第六十六条和《公开发行证券的公司信息披露内容与格式准则第 2 号——年度报告》的内容与格式编制。公司年度报告中的财务会计报告必须经具有证券期货相关业务资格的会计师事务所审计，审计报告须由该所至少两名注册会计师签字。已发行境内上市外资股及其衍生证券并在证券交易所上市的公司，还应进行境外审计。

上市公司和公司债券上市交易的公司，应当在每一会计年度结束之日起 4 个月内，向国务院证券监督管理机构和证券交易所报送年度报告，并予公告。公司应当在每个会计年度结束之日起 4 个月内将年度报告刊登在中国证监会指定的网站上，将年度报告摘要刊登在至少一种中国证监会指定的报纸上。

公司董事会及其董事应当保证年度报告内容的真实性、准确性、完整性，承诺其中不存在虚假记载、误导性陈述或重大遗漏，并就其保证承担个别和连带的法律责任。如个别董事对年度报告内容的真实性、准确性、完整性无法保证或存在异议的，应当单独陈述理由和发表意见。未参会董事应当单独列示其姓名。

2. 中期报告

《证券法》第六十五条规定：上市公司和公司债券上市交易的公司，应当在每一会计年度的上半年结束之日起 2 个月内，向国务院证券监督管理机构和证券交易所报送记载规定内容的中期报告，并予公告。

中期报告是指在每个会计年度的上半年结束之时，由信息披露义务人依法制作并提交的反映信息披露义务人上半年基本经营情况、财务状况等重大信息的法律文件。

中期报告应当按照《证券法》第六十五条和《公开发行证券的公司信息披露内容与格式准则第 3 号——半年度报告的内容与格式》编制。中期报告中的财务报告可以不经审计，中国证监会和证券交易所另有规定的除外。

公司应当在每个会计年度上半年结束之日起 2 个月内将半年度报告刊登在中国证监会指定的网站上，将半年度报告摘要刊登于至少一种中国证监会指定的报纸上。

对于中期报告，公司董事会、监事会及其董事、监事、高级管理人员应当采用年度报告的方式就其真实性、准确性与完整性承担责任。

3. 季度报告

季度报告是指由信息披露义务人依法制作并提交的反映信息披露义务人在会计年度前 3 个月、9 个月的基本经营情况、财务状况等重大信息的法律文件。

《证券法》没有关于季度报告的规定。季度报告应当按照中国证监会《公开发行证券的公司信息披露编报规则第 13 号——季度报告内容与格式特别规定》编制。与中期报告相比，一般不重复已经披露过的信息，而注重披露公司新发生的重大事项。季度报告中的财务资料无须审计，但中国证监会或证券交易所另有规定的除外。

公司应在会计年度前3个月、9个月结束后的1个月内编制季度报告，并将季度报告正文刊登于至少一种中国证监会指定的报纸上，将季度报告全文（包括正文及附录）刊登于中国证监会指定的互联网网站上。

对于季度报告，公司董事会、监事会及其董事、监事、高级管理人员应当采用年度报告的方式就其真实性、准确性与完整性承担责任。

4. 临时报告

临时报告是定期报告以外的其他报告。临时报告主要是为了弥补定期报告信息滞后的缺陷，及时向投资者提供有关信息。临时报告主要包括重大事件临时报告和收购报告。这里主要分析重大事件临时报告，而将收购报告的内容纳入“上市公司收购制度”一章。

《证券法》第六十七条规定：发生可能对上市公司股票交易价格产生较大影响的重大事件，投资者尚未得知时，上市公司应当立即将有关该重大事件的情况向国务院证券监督管理机构和证券交易所报送临时报告，并予公告，说明事件的起因、目前的状态和可能产生的法律后果。

中国《证券法》第六十七条和《上市公司信息披露管理办法》第三十条对重大事件做了列举。《证券法》第六十七条第二款规定，下列情况为所称重大事件。①公司的经营方针和经营范围的重大变化；②公司的重大投资行为和重大的购置财产的决定；③公司订立重要合同，可能对公司的资产、负债、权益和经营成果产生重要影响；④公司发生重大债务和未能清偿到期重大债务的违约情况；⑤公司发生重大亏损或者重大损失；⑥公司生产经营的外部条件发生重大变化；⑦公司的董事、1/3以上监事或者经理发生变动；⑧持有公司5%以上股份的股东或者实际控制人，其持有股份或者控制公司的情况发生 较大变化；⑨公司减资、合并、分立、解散及申请破产的决定；⑩涉及公司的重大诉讼，股东大会、董事会决议被依法撤销或者宣告无效；⑪ 公司涉嫌犯罪被司法机关立案调查，公司董事、监事、高级管理人员涉嫌犯罪被司法机关采取强制措施；⑫ 国务院证券监督管理机构规定的其他事项。

《上市公司信息披露管理办法》第三十条在《证券法》第六十七条第二款之外补充规定了如下“重大事项”：①新公布的法律、法规、规章、行业政策可能对公司产生重大影响；②董事会就发行新股或者其他再融资方案、股权激励方案形成相关决议；③法院裁决禁止控股股东转让其所持股份，任一股东所持公司5%以上股份被质押、冻结、司法拍卖、托管、设定信托或者被依法限制表决权；④主要资产被查封、扣押、冻结或者被抵押、质押；⑤主要或者全部业务陷入停顿；⑥对外提供重大担保；⑦获得大额政府补贴等可能对公司资产、负债、权益或者经营成果产生重大影响的额外收益；⑧变更会计政策、会计估计；⑨因前期已披露的信息存在差错、未按规定披露或者虚假记载，被有关机关责令改正或者经董事会决定进行更正。

另外，按《上市公司信息披露管理办法》第三十二条的规定，上市公司披露重大事件后，已披露的重大事件出现可能对上市公司证券及其衍生品种交易价格产生较大影响的进展或者变化的，应当及时披露进展或者变化情况、可能产生的影响。按其第三十三条的规定，上市公司控股子公司发生该办法第三十条规定的重大事件，可能对上市公司证券及其衍生品种交易价格产生较大影响的，上市公司应当履行信息披露义务。上市公司参股公司发生可能对上市公司证券及其衍生品种交易价格产生较大影响的事件的，上市公司应当履行信息披露义务。按其第三十四条的规定，涉及上市公司的收购、合并、分立、发行股份、回购股份等行为导致上市公司股本总额、股东、实际控制人等发生重大变化的，信息披露义务人应当依法履行报告、公告义务，披露权益变动情况。按其第三十六条的规定，公司证券及其衍生品种交易被中国证监会或者证券交易所认定为异常交易的，上市公司应当及时了解造成证券及其衍生品种交易异常波动的影响因素，并及时披露。

按《上市公司信息披露管理办法》第三十一条的规定，上市公司应当在最先发生的以下任一时点，及时履行重大事件的信息披露义务：①董事会或者监事会就该重大事件形成决议时；②有关各方就该重大事件签署意向书或者协议时；③董事、监事或者高级管理人员知悉该重大事件发生并报告时。

在前述规定的时点之前出现下列情形之一的，上市公司应当及时披露相关事项的现状、可能影响事件进展的风险因素：①该重大事件难以保密；②该重大事件已经泄露或者市场出现传闻；③公司证券及其衍生品种出现异常交易情况。

此外，中国证监会2001年发布《亏损上市公司暂停上市和终止上市实施办法》，就上市公司连续亏损可能暂停或终止上市的风险提示公告等做了规定。2003年中国证监会发布《关于执行〈亏损上市公司暂停上市和终止上市实施办法（修订）〉的补充规定》。同时，《证券法》第七十二条规定：证券交易所决定暂停或者终止证券上市交易的，应当及时公告，并报国务院证券监督管理机构备案。

任务二　软信息披露、信息披露的暂缓与豁免、选择性披露信息

一、软信息披露

信息披露制度的重点是硬信息，即数量信息或经济信息，它是指反映公司经营状况的信息，包括公司资产、负债、利润等。它是客观发生或存在的事实，与投资者回报直接相关。

与硬信息相对的是软信息，即质量信息或非经济信息，它们与股东收益没有直接关联，反映的是公司管理部门的业务素质和管理质量，包括管理部门的利益冲突、自我交易、董事和管理人员的报酬以及预测性信息等。预测性信息是根据当下的事实对未来情况的估计和推测。它可分为评价性信息和盈利性预测。前者又称管理层的讨论及陈述，是指目前已经知晓的发展趋势或可以合理预见将对未来产生重大影响的不确定因素，例如，中国定期报告中的“经营情况的回顾与展望”以及业绩预告等。后者是指基于对上市公司的生产经营条件和财务状况等所做的合理假设，本着审慎的原则对会计年度净利润总额、每股赢利等财务事项所做的预测。

美国在20世纪60年代之前禁止披露软信息，理由是软信息往往不准确，容易被操纵，损害中小投资者利益。然而，投资股票主要是投资公司未来。在大多数投资者眼里，软信息比其他信息更为重要。禁止披露软信息会使信息的投资分析价值大打折扣。有鉴于此，美国逐步取消对软信息披露的禁止，强制要求披露利益冲突等信息以及评价性信息，鼓励披露盈利性预测等信息。之后，美国进一步建立和完善了安全港规则。据此，只要软信息的披露是建立在合理的事实基础上，加以诚实的判断，以诚信的方式披露，披露时伴以充分的警示，在情况发生变化后及时更正，那么即使后来的实际情况和预测不符，也不被视为虚假或误导。

在中国，利益冲突等信息及管理层的讨论和陈述属于强制披露的范围，且受到比较严厉的监督。盈利性预测属于自愿披露的范围，但对于其披露，中国持审慎的态度，具体操作与美国类似。对于两种软信息的披露，中国还没有确立安全港规则，但监管实践中已经体现了安全港理念，例如，在预计盈利没有实现的情形下，中国证监会并不认定构成欺诈，而仅要求披露人

做出补充公告。

二、信息披露的暂缓与豁免

按照《深圳证券交易所股票上市规则》，上市公司拟披露的信息存在不确定性、属于临时性商业秘密或者证券交易所认可的其他情形，及时披露可能会损害公司利益或误导投资者，且符合以下条件的，公司可以向证券交易所提出暂缓披露申请，说明暂缓披露的理由和期限：①拟披露的信息未泄露；②有关内幕人士已书面承诺保密；③公司股票及其衍生品种交易未发生异常波动。经证券交易所同意，公司可以暂缓披露相关信息。暂缓披露的期限一般不超过2个月。暂缓披露申请未获证券交易所同意、暂缓披露的原因已经消除或暂缓披露的期限届满的，公司应当及时披露。

上市公司拟披露的信息属于国家机密、商业秘密或者证券交易所认可的其他情况，按前述规则披露或履行相关义务可能会导致其违反国家有关保密法律、行政法规规定或损害公司利益的，公司可以向证券交易所申请豁免按前述规则披露或履行相关义务。《上海证券交易所股票上市规则》也有类似规定。

三、选择性披露信息

选择性披露信息是指仅向证券分析师或选定的机构投资者披露信息，而不向市场上所有的投资者披露信息。选择性信息披露类似于信息泄密，容易引发内幕交易和市场操纵，违背了公平原则。

美国法已经消除了选择性信息披露。2008年美国证券交易委员会通过了《证券市场信息公平披露规则》，明确禁止选择性信息披露。该委员会还随之修改了《反内幕交易法》的部分条文。

中国现行立法未对选择性披露做出规定，但是沪、深两个交易所发布的《上市公司投资者关系管理指引》要求上市公司进行自愿性信息披露时遵循公平原则，避免进行选择性信息披露。

任务三　非公开发行与非证券交易所上市信息披露

向特定投资者非公开发行证券，或者不到证券交易所集中上市交易，法律一般不要求经过核准以及信息披露，因为特定投资者本身不需要发行或交易核准程序以及强制披露制度的保护，或者向这些投资者提供这种保护，投资者承担的成本可能远远大于收益。但是，中国法律法规对此仍做了一定的规制。

一、非公开发行与信息披露

中国证监会2007年发布的《上市公司非公开发行股票实施细则》，为规范上市公司非公开发行股票行为，对发行对象与认购条件、董事会与股东大会决议、核准与发行做了具体规定，其中不少规则涉及上市公司非公开发行股票的信息披露。按照该细则，上市公司的控股股东、实际控制人和本次发行对象，应当按照有关规定及时向上市公司提供信息，配合上市公司真实、准确、完整地履行信息披露义务。上市公司申请非公开发行股票，应当按照中国证监会2006年发布的《上市公司证券发行管理办法》召开董事会、股东大会，并按规定及时披露信息。董事会决议经表决通过后，上市公司应当在2个交易日内披露。

董事会应当按照《公开发行证券的公司信息披露内容与格式准则第 25 号——上市公司非公开发行股票预案和发行情况报告书》的要求编制非公开发行股票预案，作为董事会决议的附件，与董事会决议同时刊登。本次发行涉及资产审计、评估或者上市公司盈利预测的，资产审计结果、评估结果和经审核的盈利预测报告最迟应随召开股东大会的通知同时公告。上市公司收到中国证监会发行审核委员会关于本次发行申请获得通过或者未获通过的结果后，应当在次一交易日予以公告，并在公告中说明，公司收到中国证监会做出的予以核准或者不予核准的决定后，将另行公告。上市公司、保荐人对非公开发行股票进行推介或者向特定对象提供投资价值研究报告的，不得采用任何公开方式，且不得早于上市公司董事会关于非公开发行股票的决议公告之日。

二、非证券交易所上市与信息披露

2001 年，为规范股份转让公司的信息披露行为，保护投资者的合法权益，中国证券业协会发布了《股份转让公司信息披露实施细则》，规定了信息披露的基本要求，首次转让前信息公告、定期报告、临时报告（董事会、监事会、股东大会，收购、出售资产，关联交易，其他重大事件，特别风险提示）等内容。2009 年，为指导股份进入证券公司代办股份转让系统，报价转让的中关村科技园区非上市股份有限公司做好信息披露工作，中国证券业协会制定了《股份进入代办股份转让系统报价转让的中关村非上市公司信息披露规则》，对挂牌报价转让前的信息披露（股份报价转让说明书）、持续信息披露（定期报告、临时报告）做了具体规定。该规则仅规定挂牌公司信息披露的最低标准。挂牌公司可参照上市公司信息披露标准，自愿进行更为充分的信息披露。由于被强制履行了信息披露义务，即使证券受让者超出成熟投资者的范围，受让者也已受到保护。

闯关考验

1. 根据证券法律制度的规定，上市公司发生的下列事件中，应当立即公告的是（　　）。

A．公司副经理发生变动　　B．公司 30% 的监事发生变动

C．公司财务负责人发生变动　　D．人民法院依法撤销股东大会决议

2. 根据《证券法》的规定，上市公司发生可能对上市公司股票交易价格产生较大影响而投资者尚未得知的重大事件时，应当立即将有关该重大事件的情况向国务院证券监督管理机构和证券交易所报送临时报告，并予以公告。下列各项中，属于重大事件的有（　　）。

A．公司董事因涉嫌职务犯罪被公安机关刑事拘留

B．公司 1/3 以上监事辞职

C．公司董事会的决议被依法撤销

D．公司经理被撤换

3. 根据证券法律制度的规定，下列有关上市公司信息披露的表述中，不正确的是（　　）。

A．上市公司应当在每一会计年度的上半年结束之日起 2 个月内，向国务院证券监督管理机构和证券交易所报送中期报告，并予以公告

B．上市公司应当在每一会计年度结束之日起 4 个月内，向国务院证券监督管理机构和证券交易所报送上一年的年度报告，并予以公告

C. 上市公司的中期报告和年度报告均须记载公司财务会计报告和经营情况

D. 上市公司董事、监事和高级管理人员均须对公司中期报告和年度报告签署书面确认意见

4. 上市公司董事、监事和高级管理人员在信息披露工作中应当履行相应的职责。下列表述中，符合证券法律制度规定的是（ ）。

A. 上市公司董事应对公司年度报告签署书面审核意见

B. 上市公司监事应对公司年度报告签署书面审核意见

C. 上市公司高级管理人员应对公司年度报告签署书面审核意见

D. 上市公司监事应对公司年度报告签署书面审核意见

5. 甲公司是一家上市公司。下列股票交易行为中，为证券法律制度所禁止的有（ ）。

A. 持有甲公司3%股权的股东李某已将其所持全部股权转让于他人，甲公司董事张某在获悉该消息后，告知其朋友王某，王某在该消息为公众所知悉前将其持有的甲公司股票全部卖出

B. 乙公司经研究认为甲公司去年盈利状况超出市场预期，在甲公司公布年报前购入甲公司4%的股权

C. 甲公司董事张某在董事会审议年度报告时，知悉了甲公司去年盈利超出市场预期的消息，在年报公布前买入了本公司股票10万股

D. 甲公司的收发室工作人员刘某看到了中国证监会寄来的公司因涉嫌证券罪被立案调查的通知，在该消息公告前卖出了其持有的本公司股票

6. 定期报告是上市公司进行持续信息披露的主要形式之一。甲上市公司下列做法中，符合证券法律制度有关定期报告的规定的有（ ）。

A. 该公司第1季度报告的披露时间早于上一年度年度报告的披露时间

B. 该公司的中期报告在该会计年度的第7个月披露

C. 该公司的第3季度报告在该会计年度的第11个月披露

D. 该公司的年度报告在该会计年度结束之日后的第3个月披露

微语录

项目五
证券交易法律实务

学习目标

- 掌握证券交易的概念、方式和强制性规则
- 掌握证券交易的主要程序

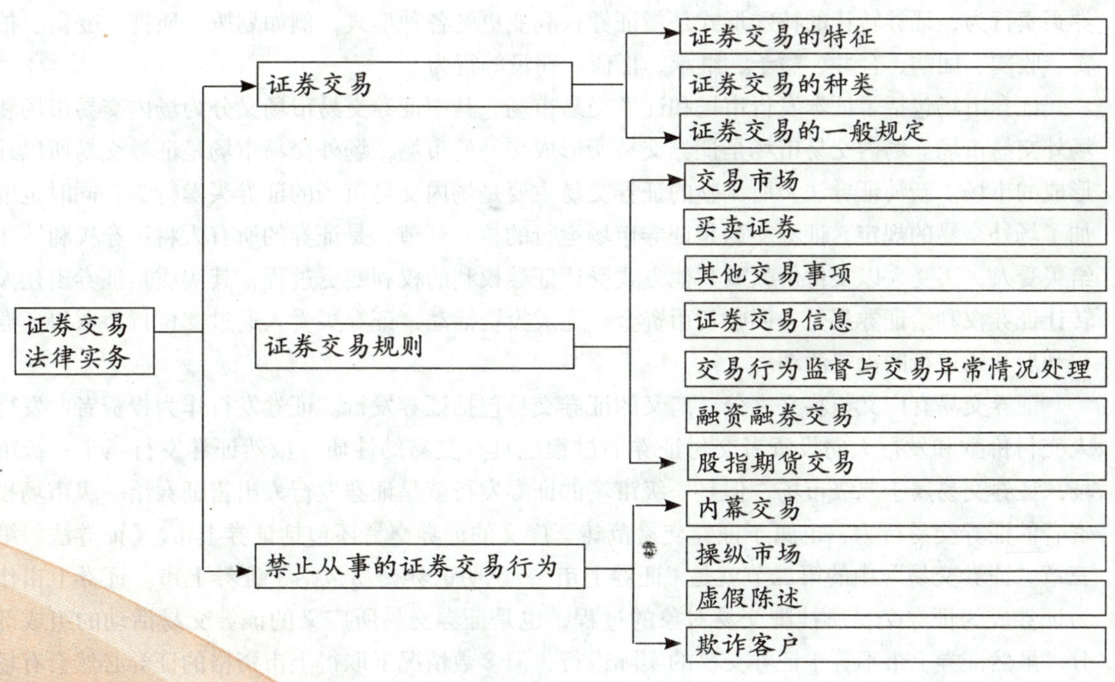

经典实例

王某在一家证券有限公司的营业部开立账户，从事股票买卖活动。期间，双方签订了5项《借款协议》，约定:营业部借款给王某作买卖股票之用，借款期为1个月，借款利息以月息1.6%计。协议签订后，营业部共向王某借款人民币133万元。

王某借取款项后，用作股票买卖，但未能按约定向营业部还款付息。为此，双方签订了《关于转让股票的协议》，约定：营业部以每股人民币2.97元一次性接收王某“仪征化纤”股票437800股，折合人民币1300266元，扣除股票卖出应缴手续费9101.86元，股票净值1291164.14元，以抵还王某向营业部借款的部分本金。抵扣后王某尚欠237489.85元，应当在30天内向营业部一次性还清。不久，营业部将原告的437800股“仪征化纤”股票抛售，成交价平均为每股4.31元，支付交易和委托手续费后，营业部实得1873277.72元，减去借给王某的本金133万元，营业部实际赚取543266.72元。王某因要求营业部返还扣除借款本息后的差额未果，遂向某市人民法院提起诉讼。

问题：

1. 我国证券法是如何规范证券交易活动的？
2. 营业部与王某之间的证券交易活动是否妥当？为什么？

任务一　证券交易

证券交易是依法发行并交付的证券在证券市场上转让的行为。证券转让的主要形式是指证券买卖行为，证券转让的特殊形式是指证券权利变更的各种形式，例如划拨、质押、变卖、拍卖、收购、回购、合并、赠予、继承、抵债、罚没等行为。

证券市场包括了证券发行市场和证券交易市场，其中证券交易市场又分为场内交易市场和场外交易市场。场内交易市场是证券交易所形成交易的市场，场外交易市场是证券交易所以外形成的市场。新《证券法》所调整的证券交易主要是场内交易市场的证券买卖行为，同时也增加了场外交易的规定。证券交易是证券市场运行的核心环节，是证券的所有人将证券权利转让给买受人，买受人以支付价款或其他方式受让证券权利的权利变更过程，其实质是证券出让人转让证券权利给证券买受人回收货币资金，完成投资活动，证券买受人通过支付货币取得证券权利后开始进行的投资活动。

证券交易有广义与狭义之分。广义的证券交易包括证券发行。证券发行作为投资者向发行人交付价款和发行人向投资者交付证券的过程也具有交易的性质。虽然证券发行属于一级市场，证券交易属于二级市场，但是一级市场的证券发行就是证券发行人出售证券给一级市场投资者的证券交易行为，也属于证券交易范畴。广义的证券交易还包括证券上市。《证券法》第三章“证券交易”中的第二节就是“证券上市”，说明证券交易包括了证券上市。证券上市作为证券成为证券交易所挂牌交易对象的过程，也是证券交易所广义的证券交易活动的组成部分。虽然证券上市不等于证券交易的实际进行，但多数情况下取得上市资格的证券必然会有场内交易行为产生，上市就是为了实现证券在证券交易所的流通。

狭义的证券交易则是与证券发行、证券上市相对应的法律概念。证券发行作为创设证券权利的行为，在证券交付给投资者以后，发行就宣告完成，具有一次性交易性质。即使同一个发行人过一段时间再次发行证券，也不是前次发行证券的连续行为。而狭义的证券交易是投资者取得证券权利后与其他投资者之间的可连续交易的行为，是实现证券流通性的方式。证券上市只是证券场内交易的资格性前提，是一级市场的证券在证券交易所挂牌交易的必经过程，是证券发行和证券场内交易的中间环节。证券场内交易是证券上市以后的交易行为。关于证券发行、证券上市（挂牌）与证券交易之间的联系和区别见项目三“证券上市法律实务”。

本书采用狭义的证券交易概念，即指依法发行并交付的证券在证券市场上转让的行为。

一、证券交易的特征

（一）证券界的观点

证券交易的特征，证券界一般认为主要表现在证券的流动性、收益性和风险性。

1. 证券的流动性

证券的流动性是指证券具有权利转让频繁、流转顺畅的特点。证券市场从本质上讲就是证券流通市场。通过证券的流通实现证券持有人的权利转让。法律规定证券持有人有权依法转让证券，正是证券流动性特征的要求。因此，过去关于股份公司的国家股、法人股为非流通股的规定，是无视证券流动性特征的规定，也是不合乎法理的。

2. 证券的收益性

证券的收益性是指证券可能给投资者带来一定的收益。《公司法》第四条关于“公司股东依法享有资产收益”等权利的规定就是证券的收益性的法律表述。证券的内在价值或市价高于证券持有人的成本时，证券持有人就可以得到相应的收益；买入证券者，则期待证券的内在价值或市价今后高于买入的成本时能得到相应的收益。

3. 证券的风险性

证券的风险性是指证券本身存在因其内在价值或市价的变化给持有人带来损失的风险。《证券法》第二十七条规定“股票依法发行后，发行人经营与收益的变化，由发行人自行负责；由此变化引致的投资风险，由投资者自行负责”，就是警示人们证券交易具有风险性。

证券的流动性、收益性和风险性特征相互联系。证券需要流动机制，通过流通市场来实现证券持有人的变现和新投资者的买入。而证券的流动可能给投资者带来一定的收益。同时，证券在流动过程中存在因其内在价值或市价的变化给持有人带来损失的风险。

（二）法学界的观点

法学界有的认为，证券交易的主要特征有以下几方面。

（1）它是一种具有财产价值的特定权利的买卖。也就是说，证券交易不仅仅是有一定价值的财产的买卖，而且是与财产相关的权利的买卖，如股票上的股权、债券中的债权等。

（2）它是一种标准化合同的买卖。由于每一种证券的面值设计是一致的，所代表的权利内容也是一致的，所以证券具有标准化合同的性质，当事人买卖证券时除了可以选择品种、数量和价格以外，其他均需依统一的规则进行。

（3）它是一种已经依法发行并经投资者认购的证券的买卖。无论是证券内容还是证券形式，都是经法定的主管部门审查认可的；证券已经依法发行且已经到达原始投资者手中。

以上介绍的证券界和法学界的观点从不同角度分析了证券交易的特征。

二、证券交易的种类

（一）股票交易、基金交易、债券交易、金融衍生工具的交易

根据交易对象的不同，证券交易可以分为股票交易、基金交易、债券交易、金融衍生工具的交易。这是目前证券界常用的分类法。上海证券交易所和深圳证券交易所规定的挂牌交易的

证券分为六类，即股票、基金、债券、债券回购、权证、经证监会批准的其他交易品种。股票交易是指以股票为对象的流通活动；基金交易是指以基金为对象的流通活动；债券交易是指以债券为对象的流通活动；金融衍生工具的交易也称为证券衍生品种的交易，是指以金融衍生工具为对象的流通活动，证券衍生工具是基础证券品种及其变量派生的证券品种，包括股价指数、债券指数、基金指数即基础证券品种的变量，作为证券交易的客体的证券衍生品种主要有债券回购、权证、证券期货等。

（二）场内交易和场外交易

根据交易场所的不同，证券交易可以分为场内交易和场外交易。场内交易指在证券交易所内进行的证券交易；场外交易指在证券交易所之外进行的证券交易。

（三）集中交易、做市商交易

根据定价方式的不同，证券交易可以分为集中交易、做市商交易。集中交易是指在集中交易市场以竞价交易的方式进行交易；做市商交易是指做市商双向报价，一般投资者之间并不直接成交，而是向做市商买入或卖给做市商的交易。

（四）现货交易、期货交易、期权交易、信用交易

根据交收方式的不同，证券交易可以分为现货交易、期货交易、期权交易、信用交易。现货交易是证券交易双方现款买现货，即时清算、交收证券和价款的交易；期货交易是远期买入或卖出证券并交收的期货合约交易；期权交易是远期买入或卖出证券的权利即期权的交易；信用交易是指证券公司向客户出借资金供其买入上市证券或者出借上市证券供其卖出的交易，又叫融资融券交易。

（五）无纸化交易、有纸化交易

根据技术手段的不同，证券交易可以分为无纸化交易和有纸化交易。无纸化交易是指使用电子计算机技术进行的交易。投资者持有的证券由证券登记结算公司电脑进行记载保存。证券交易通过证券公司、证券交易所和证券登记结算公司的电脑以电子信息流的方式进行，交易的结果也保存在上述机构的电脑中；有纸化交易是指使用纸面等非电子计算机技术的传统交易。例如，股份公司记名的纸面股票在转让时，应当根据《公司法》第一百四十条的规定，“由股东以背书方式或者法律、行政法规规定的其他方式转让；转让后由公司将受让人的姓名或者名称及住所记载于股东名册”。另外，证券交易场所的证券经纪人使用各种专业手势和术语以及在各种手写板上书写报价，也不使用电子计算机技术。

（六）现金交易、非现金交易

根据价款形式的不同，证券交易可以分为现金交易、非现金交易。现金交易是指使用现金进行的交易；非现金交易是指通过银行转账等非现金形式进行的交易。

三、证券交易的一般规定

证券交易的一般规定主要包括证券交易的条件、证券交易的主体、证券交易的客体、证券交易的场所、证券交易的方式、证券交易的限制和其他一般规定。

（一）证券交易的条件

证券交易的条件是指证券交易市场上公开进行交易的证券必须符合法律规定的相关条件才能进行买卖。根据证券法的规定，证券交易条件主要包括以下内容。

（1）当事人依法买卖的证券，必须是依法发行并交付的证券。

《证券法》第三十七条规定："证券交易当事人依法买卖的证券，必须是依法发行并交付的证券。非依法发行的证券，不得买卖。"依法发行的证券必须是实体和程序上都必须符合法律规定的发行条件和程序，不符合法定条件或违反程序而发行的证券，都属于非法发行的证券，不得进行买卖。同时，依法发行的证券还必须是已经交付的证券，未交付的证券也不得进行买卖。证券发行后并不一定立即交付给认购证券的人，例如，《公司法》规定，公司登记设立前不得向股东交付股票。只有公司向股东交付股票之后，该股票才能进行买卖。

（2）法律规定期限转让的证券，不得在限期内买卖。

《证券法》第三十八条规定："依法发行的股票、公司债券及其他证券，法律对其转让期限有限制性规定的，在限定的期限内不得买卖。"有限期转让的证券是指法律禁止某些特殊主体所持有的股票、公司债券或者其他证券在一定期限内不得对该证券进行买卖的证券。

（3）经依法核准上市交易的证券，应当在依法设立的证券交易所上市交易或者在国务院批准的其他证券交易场所转让。

《证券法》第三十九条规定："依法公开发行的股票、公司债券及其他证券，应当在依法设立的证券交易所上市交易或者在国务院批准的其他证券交易场所转让。"目前，我国境内的合法的证券交易场所主要包括上海和深圳证券交易所、中国金融期货交易所和全国银行间债券市场。上海和深圳证券交易所属于场内交易，是证券交易的重要场所。中国金融期货交易所进行的证券期货交易属于证券交易。全国银行间债券市场是证券交易所之外的最重要的债券交易场所。

（二）证券交易的主体

证券交易的主体即证券交易的参与者。证券交易的主体以交易对手划分，可以分为买方和卖方。以投资人划分，可以分为机构投资者和个人投资者。证券公司、产权交易所、证券业协会、商业银行、拍卖行等，也可以以证券中介服务机构、自律性组织等名义参与证券交易。以下主要介绍作为证券交易主体的机构和个人的一般规定。

1. 机构投资者

（1）境内机构投资者。

境内机构投资者是指境内的政府、金融机构、企业和事业法人、各类基金作为投资者参与证券市场投资。

①政府。

政府是对证券交易有着重大乃至决定性影响的机构。政府主要以财政部发行国债、中国人民银行买卖国债或金融债券的公开市场操作、国有资产管理部门作为国有股股东参与证券交易等方式成为证券交易的主体。

②金融机构。

参与证券交易的金融机构包括证券公司、商业银行、政策性银行、信用合作社、信托投资公司、保险公司等。

证券公司是最活跃的证券交易主体。证券公司不但以自有资金和依法筹集的资金从事自营业务，直接成为证券交易的买方或卖方，而且还可以通过证券经纪、证券投资咨询、担任与证券交易、证券投资活动有关的财务顾问、证券承销与保荐、证券资产管理、融资融券等业务形式参与证券交易。

根据现行规定，银行、信用合作社可以使用自有资金及银监会规定的可用于投资的资金进行证券投资，但仅限于投资国债。因处置贷款质押而被动持有的股票，只能单向卖出。信托投资公司有权从事资金信托和投资基金业务。保险公司不仅可以投资国债、金融债券、证券投资基金、还可以根据《保险机构投资者股票投资管理暂行办法》的规定，投资于境内公开发行并上市流通的人民币普通股票、可转换公司债券以及保监会规定的其他投资品种。

③企业和事业法人。

各类企业都有权参与证券交易，可以自营，也可以委托专业机构进行证券交易。对国有企业和国有资产控股的企业，原《证券法》规定“不得炒作上市交易的股票”，现已改为“国有企业和国有资产控股的企业买卖上市交易的股票，必须遵守国家有关规定”。事业法人可以用自有资金和有权支配的预算外资金进行证券交易。

④各类基金。

证券投资基金、社保基金、企业年金和社会公益基金属于基金性质的机构投资者。

证券投资基金由基金管理公司作为基金管理人进行证券投资。基金财产应当投资用于上市交易的股票、债券以及证监会规定的其他证券品种。

社保基金是指根据全国社会保障基金理事会负责管理的由国有股减持划入资金及股权资产、中央财政拨入资金、经国务院批准以其他方式筹集的资金及其投资收益形成的由中央政府集中的社会保障基金。根据《全国社会保障基金投资管理暂行办法》，社保基金投资的范围限于银行存款、买卖国债和其他具有良好流动性的金融工具，包括上市流通的证券投资基金、股票、信用等级在投资级以上的企业债、金融债等有价证券。但全国社会保障基金理事会直接运作的社保基金的投资范围限于银行存款、在一级市场购买国债，其他投资需委托社保基金投资管理人管理和运作。

企业年金应当确定企业年金受托人，受托管理企业年金。受托人可以委托具有资格的企业年金账户管理机构作为账户管理人，负责管理企业年金账户；可以委托具有资格的投资运营机构作为投资管理人，负责企业年金基金的投资运营。

社会公益基金指福利基金、科技发展基金、教育发展基金、文学奖励基金等。这些基金也可以参与证券交易。

（2）境外机构投资者。

境外机构投资者是指境内上市外资股出股的境外机构投资者、合格境外机构投资者和并购境内企业的境外机构投资者。

①境内上市外资股出股的境外机构投资者。

根据《国务院关于股份有限公司境内上市外资股的规定》，外国的法人和其他组织，港、澳、台地区的法人和其他组织是境内上市外资股投资人。

②合格境外机构投资者。

合格境外机构投资者是指符合《合格境外机构投资者境内证券投资管理办法》规定，经中国证券监督管理委员会批准投资于中国证券市场，并取得国家外汇管理局额度批准的中国境外基金管理机构、保险公司、证券公司以及其他资产管理机构的合格境外机构投资者。其英文是Qualified Foreign Institutional Investors，简称为QFII。QFII在经批准的投资额度内，可以投资于中国证监会批准的人民币金融工具，可以委托在境内设立的证券公司等投资管理机构，进行境内证券投资管理。与境内上市外资股出股的境外机构投资者不同的是，合格境外机构投资者获准投资A股。2012年7月27日，中国证监会公布《关于实施〈合格境外机构投资者境内证券投资管理办法〉有关问题的规定》，修订了申请合格投资者资格的条件，规定有关投资主体应当达到下列资产规模等条件。

a. 资产管理机构。经营资产管理业务两年以上，最近一个会计年度管理的证券资产不少于5亿美元。

b. 保险公司。成立两年以上，最近一个会计年度持有的证券资产不少于5亿美元。

c. 证券公司。经营证券业务5年以上，净资产不少于5亿美元，最近一个会计年度管理的证券资产不少于50亿美元。

d. 商业银行。经营银行业务10年以上，一级资本不少于3亿美元，最近一个会计年度管理的证券资产不少于50亿美元。

e. 其他机构投资者（养老基金、慈善基金会、捐赠基金、信托公司、政府投资管理公司等）。成立2年以上，最近一个会计年度管理或持有的证券资产不少于5亿美元。

截至2012年3月底，我国已批准了来自23个国家和地区的158家境外机构的QFII资格，其中资产管理公司82家，保险公司11家，主权基金、养老金、捐赠基金等机构29家，商业银行23家，证券公司13家。其中129家QFII累计获批投资额度245.5亿美元。截至2012年3月23日，QFII账户总资产规模达到2656亿元，其中股票、债券和银行存款占比分别为74.5%、13.7%和9.6%，QFII持股市值约占A股流通市值的1.09%。

2. 个人投资者

（1）境内个人投资者。

境内个人投资者是指居住在境内或虽居住在境外但未获得境外所在国家或者地区永久居留签证的中国公民。参与证券交易属于公民的民事权利能力。根据《民法通则》第十条的规定，“公民的民事权利能力一律平等”。原则上，公民有权成为个人投资者，参与证券交易。但国家有关法律、法规和政策规定不准或限制参与证券交易的公民个人，不得参与证券交易，或者参与证券交易的权利被限制的，应当遵守规定。例如，《证券法》第四十三条规定：“证券交易所、证券公司和证券登记结算机构的从业人员、证券监督管理机构的工作人员以及法律、行政法规禁止参与股票交易的其他人员，在任期或者法定限期内，不得直接或者以化名、借他人名义持有、买卖股票，也不得收受他人赠送的股票。任何人在成为前款所列人员时，其原已持有的股票，必须依法转让。”但是值得注意的是《证券法》没有对股票交易之外的其他证券交易加以限制。从法理上分析《证券法》限制上述证券机构人员买卖股票类证券及其衍生品种（例如可转换债券、配股e证、股权类权证、股指期货等），但是没有限制买卖其他证券品种，例如买卖国债、企业债券、证券投资基金是合法的。

（2）境外个人投资者。

境外个人投资者是指外国的自然人以及中国港、澳、台地区的自然人。持有中国护照并获得境外国家或者地区永久居留签证的中国公民，视同境外投资者管理。根据现行的外汇管理规定和证券账户管理规则，境外个人投资者参与上海证券交易所和深圳证券交易所的证券交易，限于开立人民币特种股票账户（简称B股账户）进行境内上市外资股B股的交易，不能开立人民币普通股票账户（简称A股账户）进行人民币普通股票的交易。

（三）证券交易的客体

1. 股票

股票作为股份有限公司签发的证明股东所持股份的凭证，是证券交易最主要的标的。股票按照不同标准可以做出以下分类。

（1）记名股票和无记名股票。

《公司法》根据股票是否记载持有人姓名或名称，把股票分为记名股票和无记名股票，并规定了不同的转让方式。记名股票由股东以背书方式或者法律、行政法规规定的其他方式转让；转让后由公司将受让人的姓名或者名称及住所记载于股东名册。无记名股票的转让由股东将该股票交付给受让人后即发生转让的效力。

（2）流通股和非流通股。

在股权分置的制度下，我国A股市场的上市公司的股份曾经按能否在证券交易所上市交易被区分为非流通股和流通股。非流通股不能作为上市交易的标的，只能作为协议转让、裁判转让等场外交易的标的。经过股权分置改革，已经为非流通股可上市交易做出了制度安排，基本上实现了A股市场的上市公司股份的全流通，即都能在证券交易所上市交易。但原非流通股变成流通股后，在规定的时间内，属于有限售条件的流通股。

（3）A股和B股。

根据以什么币种买卖，把境内上市股票分为A股股票和B股股票。A股即人民币普通股股票，是指由境内公司发行的，以人民币买卖的普通股股票。A股上市公司的流通股原来只允许境内投资者买卖，2002年12月开放合格境外机构投资者入市后，合格境外机构投资者也可以买卖A股上市公司的流通股。B股即境内上市外资股，是指由境内公司发行的，以人民币标明面值，以外币买卖的普通股股票。B股原来只允许境外投资者（包括外国的自然人、法人和其他组织，港、澳、台地区的自然人、法人和其他组织）买卖，2001年2月开放B股市场后，境内个人投资者也可以以合法持有的外汇买卖B股。

A股和B股的区别主要是，A股以人民币买卖入股，B股以外币买卖入股。A股流通股的投资者包括境内投资者和合格境外机构投资者，B股流通股的投资者包括境外投资者和境内合法持有外汇的个人投资者。上海证券交易所上市交易的B股使用美元标价，深圳证券交易所上市交易的B股使用港币标价。

（4）境内股票和境外股票。

《证券法》第二百三十八条规定："境内企业直接或者间接到境外发行证券或者将其证券在境外上市交易，必须经国务院证券监督管理机构依照国务院的规定批准。"境内企业的股票经依法批准在境外交易，也是证券交易的标的。目前，这类股票主要有在香港上市的H股、在新加坡上市的S股、在纽约上市的N股。

2. 债券

债券是发行人依照法定程序发行并约定在一定期限还本付息的有价证券。债券可分为政府债券、金融债券、公司债券和可转换债券。

（1）政府债券。

政府债券是指政府发行的、约定在一定期限还本付息的有价证券。政府债券包括中央政府债券和地方政府债券。

①中央政府债券由中央政府发行，分为普通国债和其他国债。早期发行的短期普通国债和

长期普通国债称为“国库券”。1995 年以后改称“无记名国债”“凭证式国债”“记账式国债”等。其他国债包括国家重点建设债券、财政债券、特种债券、保值债券、基本建设债券等。《中华人民共和国国库券条例》第九条规定:“国库券可以转让，但是应当在国家批准的交易场所办理。”

②地方政府债券由地方政府发行。《中华人民共和国预算法》第二十八条第二款规定:“除法律和国务院另有规定外，地方政府不得发行地方政府债券。”因此，近年来，一些地方为了解决地方基础设施建设的资金困难问题，采用了变通方法，即以公司债券的形式发行地方政府债券。

（2）金融债券。

金融债券是指由政策性银行、商业银行以及企业集团财务公司、证券公司等非银行金融机构发行的、约定在一定期限还本付息的有价证券。

（3）公司债券。

公司债券是指公司依照法定程序发行、约定在一定期限还本付息的有价证券。由于在企业进行公司制度改革前所用的“企业债券”的提法多年延用，许多人也把公司债券称为“企业债券”。实践中，目前发行和上市债券的企业都是公司。因此，正名为公司债券是正确的。

（4）可转换债券。

可转换债券是指持有者可以在一定时期内按照一定比例或价格将债券转换为股票的公司债券。可转换债券作为一种特殊的公司债券，既包含债权又包含作为认股权的期权。其债权既有权获得持有期间的利息，期满还可以收回本金；其期权有权在规定的转换期要求发行公司按照规定价格和比例将债券转换为股票。持有者还有通过卖出实现收益的权利。

目前，作为交易标的的可转换债券有非分离和可分离两种。

①非分离债券。它是指认股权无法与公司债券分开，两者存续期限一致，同时流通转让，自发行至交易均合二为一，不得分开转让的可转换债券。

②可分离债券。它是指认股权证与公司债券可以分开，可以分别流通转让的可转换债券。与非分离债券不同，可分离债券事实上是两个独立的证券品种：一种是基础品种公司债券，另一种是衍生品种认股权证。分离后的债券与一般的公司债券相同，不再包含认股权。认股权证则与在上海、深圳证券交易所上市交易的股改权证相似。

我国内地在境外资本市场发行的国际债券（如政府债券、金融债券、可转换公司债券等）在境外交易，不属于境内证券交易的标的。

3. 投资基金

作为交易标的的投资基金是指《证券投资基金法》规定的“在中华人民共和国境内，通过公开发售基金份额募集证券投资基金（以下简称基金），由基金管理人管理，基金托管人托管，为基金份额持有人的利益，以资产组合方式进行证券投资活动”的基金。现行法律没有非公开的私募基金交易的专门规定。

目前，依法交易的基金有封闭式和开放式两种。

（1）封闭式基金。

封闭式基金指经核准的基金份额总额在基金合同期限内固定不变，基金份额可以在依法设立的证券交易场所交易，但基金份额持有人不得申请赎回的基金。

目前，封闭式基金均为上市交易的基金。

（2）开放式基金。

开放式基金指基金份额总额不固定，基金份额可以在基金合同约定的时间和场所申购或者赎回的基金。按照《证券投资基金法》第五十一条规定，“开放式基金的基金份额的申购、赎回和登记，由基金管理人负责办理；基金管理人可以委托经国务院证券监督管理机构认定的其他机构代为办理”。

4. 证券衍生品种

证券衍生品种是基础证券品种及其变量派生的证券品种。以上的股票、债券、基金就是基础证券品种，股价指数、债券指数、基金指数就是基础证券品种的变量。

作为证券交易的客体的证券衍生品种主要有以下几种。

（1）回购。

回购属于证券衍生品种之一。目前，依法成为交易标的的回购品种仅限于债券回购品种。债券回购交易是指债券买卖双方在成交的同时，约定未来某一日期以某一价格双方再进行反向交易的行为。债券回购品种包括国债回购和公司债券回购。

债券回购品种有以下两种。

①债券质押式回购品种。

债券质押式回购交易是指正回购方（卖出回购方、资金融入方）在将债券出质给逆回购方（买入返售方、资金融出方）并融入资金的同时，双方约定在未来某一指定日期，由正回购方按约定回购利率计算的本息资金额向逆回购方返还资金，逆回购方向正回购方返还原来质押的债券的行为。

②债券（国债）买断式回购品种。

目前，买断式回购的对象限于国债。因此，债券买断式回购交易即国债买断式回购交易，是指国债持有人将国债卖给购买方的同时，交易双方约定在未来某一日期，卖方再以约定价格从买方买回相等数量同种国债的交易行为。

（2）权证。

权证属于期权类金融衍生产品，是标的证券发行人或其以外的第三人（以下简称发行人）发行的，约定持有人在规定期间内或特定到期日，有权按照约定价格向发行人购买或出售标的证券，或以现金结算方式收取结算差价的有价证券。目前，在证券交易所上市交易的权证都是以上市公司股票为标的的权证。

（3）证券期货。

证券期货是建立在证券现货、现货的衍生产品以及证券变量基础之上的一种金融期货。作为证券期货基础的可以是股票、债券、基金、权证等，也可以是股价指数。境内曾经交易和正式交易的证券期货主要有两种。

①国债期货。

国债期货交易是指以国债为合约标的物的期货合约买卖。1992 年 12 月 18 日，上海证券交易所开办国债期货交易。以后，深圳证券交易所、北京商品交易所也开办国债期货交易。1995 年 2 月，中国证监会、财政部发出关于印发《国债期货交易管理暂行办法》的通知（该暂行办法已废止）。但由于国债现货市场存在的固有缺陷以及国债期货交易规则的不完善，国债期货市场屡次发生由严重违规交易引起的风波（例如，“327”国债期货事件），在国内外造成了很坏的影响。中国证监会认为，当时尚不具备开展国债期货交易的基本条件。经国务院同意，中国证监会于1995年5月17日发出《关于暂停国债期货交易试点的紧急通知》，下令交易场所组织会员平仓清场。

国债期货交易的“暂停”已经十几年了。现在，国债现货、国债回购市场已经比较成熟和完善，国债投资机构对市场的认识日益深入和理性，证券监管的技术和水平也大大提高。2012年2月13日，中国金融期货交易所正式启动国债期货仿真交易。通过仿真交易，中国金融期货交易所将进一步检验规则，听取市场机构的意见，进行相应改进。

②股指期货。

股指期货是股票价格指数期货的简称，是以股票价格指数为标的的期货合约。换句话说，股指期货是交易双方以股票市场的股价指数为交易标的订立的约定在未来某一特定时间按约定价格进行股价指数交易的一种标准化合约。股指期货交易就是以股指期货这种标准化合约为对象进行的流通转让活动。经中国证监会批准同意，沪深300股指期货合约自2010年4月16日起正式上市交易。

《证券法》第二条第三款规定:“证券衍生品种发行、交易的管理办法，由国务院依照本法的原则规定。”认股权证、权证、证券期货作为证券衍生品种，有关的发行、交易的管理办法的规定权，应当由国务院行使，其他部门和机构无权规定证券衍生品种发行、交易的管理办法。基于法律的严肃性，应当先由国务院依照《证券法》的原则做出规定，中国证监会才根据国务院的规定制定部门规章，证券交易所再制定业务规则。

（四）证券交易的场所

证券交易的场所是一个外延大于证券交易所的概念，包括了场外交易的场所。证券交易所只是证券交易场所的一种。

目前，境内证券交易的合法场所主要有以下几种。

1. 上海证券交易所和深圳证券交易所

境内依法设立的证券交易所只有上海证券交易所和深圳证券交易所两家。因此，场内交易就是在上海证券交易所和深圳证券交易所内进行的证券交易。依法公开发行的股票、公司债券及其他证券在依法设立的证券交易所上市交易，就是这两个证券交易所。

2. 中国金融期货交易所

2006年9月8日在上海成立的中国金融期货交易所是经国务院同意设立的，是由上海期货交易所、郑州商品交易所、大连商品交易所、上海证券交易所和深圳证券交易所共同发起设立的。该所进行的证券期货交易也属于证券交易。

3. 代办股份转让系统

代办股份转让系统（俗称“三板市场”）是指经中国证券业协会批准，具有代办股份转让服务业务资格的证券公司为股份转让公司提供股份转让服务的业务设施。代办股份转让系统是中关村科技园区非上市股份有限公司股份报价转让试点使用的系统。目前，国家对“三板市场”进行创新，推出了“新三板市场”，它特指中关村科技园区非上市股份有限公司进入代办股份系统进行转让试点，因为挂牌企业均为高科技企业而不同于原转让系统内的退市企业及原STAQ、NET系统挂牌公司，故形象地称为“新三板”。

4. 全国银行间债券市场

中国外汇交易中心暨全国银行间同业拆借中心（简称交易中心），为中国人民银行直属事业单位，总部设在上海。交易中心成立于1994年4月。当时即推出外汇交易系统，1996年1

月启用人民币信用拆借系统，1997 年 6 月开办银行间债券交易业务，1999 年 9 月推出交易信息系统，2005 年 6 月开通银行间债券远期交易，2005 年 8 月推出人民币／外币远期交易。目前，交易中心提供银行间外汇交易、人民币同业拆借、债券交易系统并组织市场交易等。交易中心的全国银行间债券市场是证券交易所之外最重要的债券交易场所。

（五）证券交易的方式

《证券法》第四十条规定："证券在证券交易所上市交易，应当采用公开的集中交易方式或者国务院证券监督管理机构批准的其他方式。"《证券法》第四十二条规定："证券交易以现货和国务院规定的其他方式进行交易。"可见，《证券法》从两个方面规定了证券交易的方式。

1. 集中交易方式等合法方式

根据交易定价的方式，可以分为集中交易、做市商交易。

（1）集中交易。

集中交易方式是指在集中交易市场以竞价交易的方式进行交易。集中交易的价格由市场上的买方指令和卖方指令共同驱动，又称指令驱动交易。集中交易方式又分为集中竞价交易和大宗交易。

集中竞价交易是指买卖双方向证券交易所或其他证券交易组织机构公开报价，按照价格优先、时间优先的原则撮合成交的交易方式，或者按照交易规则进行交易。大宗交易是指证券买卖的单笔申报数量较大，达到证券交易所规定标准，由证券交易所在日常集中竞价交易之外单独安排撮合成交的交易方式。

（2）做市商交易。

做市商交易方式是指在做市商市场中，做市商双向报价，一般投资者之间并不直接成交，而是向做市商买入或卖给做市商。做市商是具备一定实力和信誉的证券经营机构作为特许交易商。做市商通过不断地报出买价和报出卖价，来维持市场的流动性，满足投资者对证券的流动性的要求。做市商交易又称双边报价交易或报价驱动交易。上海证券交易所《股改权证一级交易商业务指引》规定的一级交易商就相当于做市商，有权按照证券交易所的规定连续双边报价。在场外柜台债券交易中，也可以见到双向报价的做市商交易方式。

除了集中交易方式，采取其他交易方式必须报国务院证券监督管理机构批准。

2. 现货方式等合法方式

根据交收方式不同，证券交易可以分为现货交易、期货交易、期权交易、信用交易。《证券法》第四十二条规定："证券交易以现货和国务院规定的其他方式进行交易。"其中新增加规定的"国务院规定的其他方式进行交易"可以理解为期货交易、期权交易、信用交易等。

现货交易是证券交易双方现款买现货，即时清算、交收证券和价款的交易方式。其特征是"一手交钱，一手交货"，买方有足够的可用资金，卖方有足够的可付证券，现货交易才能实现。通过证券交易所撮合成交后，中国证券登记结算有限责任公司上海分公司和深圳分公司分别负责上海证券交易所和深圳证券交易所的证券交易的清算、交收。其中 A 股、基金、债券的现货交易清算、交收实行次日交收（T+1 交收）。

期货交易与现货交易相对应，是远期买入或卖出证券并交收的期货合约。

期权交易是远期买入或卖出证券的权利，即期权的交易。

信用交易是指证券公司向客户出借资金供其买入上市证券或者出借上市证券供其卖出的交易方式，又叫融资融券交易。从事信用交易的客户应交付一定数量的保证金或可冲抵保证金的证券，因此信用交易又叫保证金。《证券法》第一百四十二条规定："证券公司为客户买卖证券提供融资融券服务，应当按照国务院的规定并经国务院证券监督管理机构批准。"

（六）证券交易的限制

经典实例 

某股份有限公司（下称公司）于2006年6月在上海证券交易所上市。2007年以来，公司发生了下列事项。

（1）2007年5月，董事赵某将所持公司股份20万股中的2万股卖出；2008年3月，董事钱某将所持公司股份10万股中的25000股卖出；董事孙某因出国定居，于2007年7月辞去董事职务，并于2008年3月将其所持公司股份5万股全部卖出。

（2）监事李某于2007年4月9日以均价每股8元价格购买5万股公司股票，并于2007年9月10日以均价每股16元价格将上述股票全部卖出。

（3）2007年5月12日，公司发布年度报告。为该公司年报出具审计报告的注册会计师周某于同年5月20日购买该公司股票1万股。

（4）公司股东大会于2007年5月8日通过决议，由公司收购本公司股票900万股，即公司已发行股份总额的3%，用于奖励本公司职工。同年6月，公司从资本公积金中出资收购上述股票，并将其中的600万股转让给公司职工，剩余的300万股拟在2008年10月转让给即将被吸收合并于该公司的另一企业的职工。

根据本题所述内容，分别回答下列问题。

（1）赵某、钱某和孙某卖出所持公司股票的行为是否符合法律规定？并分别说明理由。

（2）李某买卖公司股票的行为是否符合法律规定？并说明理由。

（3）周某买入公司股票的行为是否符合法律规定？并说明理由。

（4）公司收购用于奖励职工的本公司股票数额是否符合法律规定？并说明理由。

（5）公司从资本公积金中出资收购用于奖励职工的本公司股票的行为是否符合法律规定？并说明理由。

（6）公司预留300万股股票拟在2008年10月转让其他职工的行为是否符合法律规定？并说明理由。

体现证券流通性的证券的转让是证券权利的重要组成部分。《公司法》第一百三十八条规定："股东持有的股份可以依法转让。"所以，依法发行的证券当然有权依法转让。但是，出于公平、正义的原则考虑，法律对特定的证券持有人的证券转让，规定了时间上的限制。《证券法》第三十八条规定："依法发行的股票、公司债券及其他证券，法律对其转让期限有限制性规定的，在限定的期限内不得买卖。"这种时间上的限制，正是依法转让的"依法"要求。

现行证券法律规范对特定的证券持有人证券转让时间上的限制性规定，主要包括以下几种。

1. 对股份有限公司发起人股东的限制

《公司法》第一百四十二条第一款中规定："发起人持有的本公司股份，自公司成立之日起一年内不得转让。"发起人作为公司的创办人，对公司负有道义上和法律上的重要责任。《公司法》第八十五条中就规定了"以募集设立方式设立股份有限公司的，发起人认购的股份不得少于公司股份总数的百分之三十五"的要求。发起人如果快速转让持股，可能出现发起人利用内幕信息进行证券交易或者利用创办公司进行非法投机的情形。因此，限制发起人股东转让股份的时间是有必要的。这样，有助于保护发起人之外的小股东的合法权益和社会公众利益。

当然，如果时间过长，也会妨碍资本的流动性和社会资源的合理配置。原《公司法》对发起人股东规定的限制是三年，新《公司法》修订为一年，放宽了时间限制。

但《公司法》第一百四十二条第一款中还规定："公司公开发行股份前已发行的股份，自公司股票在证券交易所上市交易之日起一年内不得转让。”这类股份的持有人包括了发起人。对上市公司发起人的限制，实际上一般不止一年。因为《证券法》第十三条规定公司公开发行新股，应当“最近三年财务会计文件无虚假记载，无其他重大违法行为”，即至少要持续经营三年。《首次公开发行股票并上市管理办法》第九条第一款规定：“发行人自股份有限公司成立后，持续经营时间应当在三年以上，但经国务院批准的除外。”持续经营三年再加上市交易之日起一年，一般要超过四年。

这显示对上市公司发起人的限制比对非上市公司发起人的限制严格得多。

2. 对上市公司非公开发行股票的持有人的限制

多数上市公司的股票有公开发行前发行的和公开发行时发行的之分，上市以后也还有再次公开发行和再次非公开发行之分。因此，对可能具有较优越地位的非公开发行股票的持有人进行限制是有必要的。

（1）对公开发行股份前已发行的股份的持有人的限制。

《公司法》第一百四十二条第一款中关于“公司公开发行股份前已发行的股份，自公司股票在证券交易所上市交易之日起一年内不得转让”的规定，其中所指的股份持有人，除了发起人外，还包括其他持有公开发行股份前已发行的股份的股东。这些股东如果是上市公司成立时就入股的老股东，其地位相当于发起人，参照对发起人的限制对其转让股份予以限制，时间上至少也是4年。但如果是上市公司成立以后、公开发行股份之前受让股份的股东，所受到的时间限制就可能少于4年。

（2）对股票上市后非公开发行股票的持有人的限制。

《上市公司证券发行管理办法》第三十八条中对上市公司向特定对象非公开发行股票规定了“本次发行的股份自发行结束之日起，12个月内不得转让；控股股东、实际控制人及其控制的企业认购的股份，36个月内不得转让”的限制。

3. 对公司董事、监事、高级管理人员的限制

《公司法》第一百四十二条第二款规定：“公司董事、监事、高级管理人员应当向公司申报所持有的本公司的股份及其变动情况，在任职期间每年转让的股份不得超过其所持有本公司股份总数的百分之二十五；所持本公司股份自公司股票上市交易之日起一年内不得转让。上述人员离职后半年内，不得转让其所持有的本公司股份。公司章程可以对公司董事、监事、高级管理人员转让其所持有的本公司股份作出其他限制性规定。”

原《公司法》规定公司董事、监事、经理在任职期间内不得转让所持有的本公司股份。新《公司法》的修订有几点：一是把“经理”扩大为“高级管理人员”，即增加了副经理、财务负责人、董事会秘书以及公司章程规定的其他高级管理人员，主要是考虑到高级管理人员对内幕信息十分了解，限制转让既可以防止内幕交易，又可以敦促他们尽职尽责地履行职务，把他们的股权收益与公司的业绩紧密联系起来；二是将任职期间内都不得转让的过于僵化的规定改为比较人性化的较宽松的有条件转让的规定。比如，某位高级管理人员，因为家庭成员疾病需要大笔钱，可以立即转让其所持有的本公司股份总数的不超过百分之二十五来应急；三是授权公司章程可以做出其他限制性规定。

为了解决上市公司董事、监事、高级管理人员短线交易及其归入权的问题，《证券法》第四十七条第一款中规定，上市公司董事、监事、高级管理人员、持有上市公司股份百分之五以上的股东，将其持有的该公司的股票在买入后六个月内卖出，或者在卖出后六个月内又买入，

由此所得收益归该公司所有，公司董事会应当收回其所得收益。这样规定，即保证了上市公司董事、监事、高级管理人员股票短期变现和买卖公司股票的正常需要，又避免了个人可能从事的内幕交易的不当得利。

《证券法》第四十七条第二款和第三款规定："公司董事会不按照前款规定执行的，股东有权要求董事会在三十日内执行。公司董事会未在上述期限内执行的，股东有权为了公司的利益以自己的名义直接向人民法院提起诉讼。公司董事会不按照第一款的规定执行的，负有责任的董事依法承担连带责任。"这样，既规定了股东有权为了公司的利益以自己的名义直接向人民法院提起诉讼，又规定了负有责任的董事的连带责任，这就较好地解决了短线交易及其归入权的问题。

4. 对持有上市公司股份5%以上的股东的限制

《证券法》第四十七条既对上市公司董事、监事、高级管理人员短线交易及其归入权问题做出规定，也对持有上市公司股份百分之五以上的股东短线交易及其归入权问题做出同样规定。但是，证券公司因包销购入售后剩余股票而持有百分之五以上股份的，卖出该股票不受六个月时间限制。

5. 对证券服务机构和人员的限制

《证券法》第四十五条规定："为股票发行出具审计报告、资产评估报告或者法律意见书等文件的证券服务机构和人员，在该股票承销期内和期满后六个月内，不得买卖该种股票。除前款规定外，为上市公司出具审计报告、资产评估报告或者法律意见书等文件的证券服务机构和人员，自接受上市公司委托之日起至上述文件公开后五日内，不得买卖该种股票。"这种时间限制是为了防止证券服务机构和人员的利益冲突，避免他们利用业务之便进行内幕交易，对其他投资者不公平。

其实，除了证券服务机构和人员，有些行政机关工作人员，例如工商、税务、公安等行政机关工作人员，在执行有关上市公司的公务活动中，也可以获得内幕信息。虽然《关于党政机关工作人员个人证券投资行为若干规定》严禁党政机关工作人员利用内幕信息直接或者间接买卖股票或者向他人提出买卖股票的建议，严禁买卖或者借他人名义持有、买卖其直接业务管辖范围内的上市公司的股票，但在法律上并没有把执行有关上市公司的公务活动而可以获得内幕信息的行政机关工作人员列为内幕信息的知情人，也没有类似对证券服务机构和人员的限制。

6. 对上市公司收购的投资者的限制

为了防止假借收购操纵证券市场，同时保证上市公司其他股东的知情权和公平交易权，《证券法》第八十六条规定："通过证券交易所的证券交易，投资者持有或者通过协议、其他安排与他人共同持有一个上市公司已发行的股份达到百分之五时，应当在该事实发生之日起三日内，向国务院证券监督管理机构、证券交易所做出书面报告，通知该上市公司，并予公告；在上述期限内，不得再行买卖该上市公司的股票。投资者持有或者通过协议、其他安排与他人共同持有一个上市公司已发行的股份达到百分之五，其所持该上市公司已发行的股份比例每增加或者减少百分之五，应当依照前款规定进行报告和公告。在报告期限内和做出报告、公告后二日内，不得再行买卖该上市公司的股票。"

《上市公司发行可转换公司债券实施办法》第五十条规定："通过证券交易所的证券交易，投资者持有发行人已发行的可转换公司债券达到百分之二十时，应在该事实发生之日起三日内，向中国证监会、证券交易所书面报告，通知发行人并予以公告；在上述规定的期限内，不得再行买卖该发行人的可转换公司债券，也不得买卖该发行人的股票。投资者持有发行人已发行可转换公司债券达到百分之二十后，其所持该发行人已发行的可转换公司债券比例每增加或者减少百分之十时，应依照前款规定进行书面报告和公告。在报告期限内和做出报告、公告后二日内，不得再行买卖该发行人的可转换公司债券，也不得买卖该发行人的股票。”这个规定的精神与《证券法》第八十六条规定的精神是一致的。因为，大量持有可转换公司债券事实上可以转化为由上市公司收购。

7. 对股权分置改革后原非流通股股东的限制

《上市公司股权分置改革管理办法》第二十七条规定：“改革后公司原非流通股股份的出售，应当遵守下列规定：①自改革方案实施之日起，在十二个月内不得上市交易或者转让；②持有上市公司股份总数百分之五以上的原非流通股股东，在前项规定期满后，通过证券交易所挂牌交易出售原非流通股股份，出售数量占该公司股份总数的比例在十二个月内不得超过百分之五，在二十四个月内不得超过百分之十。”股权分置改革后的原非流通股通常被称为“有限售条件的流通股”。根据有限售条件的流通股的限售时间规定，有限售条件的流通股十二个月以后开始上市交易或者转让，持有上市公司股份总数百分之五以下的股东的股票全流通；在二十四个月内，持有上市公司股份总数百分之五以上的股东的股票最多通过证券交易所挂牌交易出售公司股份总数的百分之五；在三十六个月内，持有上市公司股份总数百分之五以上的股东的股票最多通过证券交易所挂牌交易出售公司股份总数的百分之十；三年后，有限售条件的流通股实现上市全流通。

一些上市公司的原非流通股股东在股权分置改革方案中承诺的限售时间比《上市公司股权分置改革管理办法》第二十七条规定的时间长，例如有的原非流通股股东承诺三年内持股都不上市交易，甚至不协议转让。这种承诺属于超出法定限制的自律性承诺。

除了以上七种时间上的限制性规定，还应该了解股权分置改革后首次公开发行并上市的全流通新规。2006 年 6 月 19 日，股权分置改革后首支全流通股票，即首次公开发行并上市的中工国际股票在深圳证券交易所上市。与股权分置改革前声明国有股、法人股暂不上市流通的发行上市不同，中工国际的国有法人股东所持有的股票首次定义为“有限售条件的流通股”。其国有法人股东在招股时就承诺：“自股票上市之日起三十六个月内，不转让或者委托他人管理其已直接和间接持有的发行人股份，也不由发行人收购该部分股份。承诺期届满后，上述股份可以上市流通和转让。”与《公司法》第一百四十二条第一款中关于“公司公开发行股份前已发行的股份，自公司股票在证券交易所上市交易之日起一年内不得转让”的规定相比较，可知一年后三年内的限售属于自愿锁定。以后首次公开发行并上市的公司的国有股、法人股股东似乎不约而同地都做出类似的三年限售承诺，使得这些上市公司的股票纷纷成为实际上三年后才能全流通的股票。

（七）其他一般规定

1. 证券的形式

《证券法》第三十四条规定：“证券交易当事人买卖的证券可以采用纸面形式或者国务院证券监督管理机构规定的其他形式。”

早期的证券基本上采用纸面形式。20 世纪 80 年代和 90 年代初期，股份有限公司的股票多采用纸面形式。比较典型的纸面股票上通常标明某公司普通股股票的字样，有发行人的公章、董事长的签名，背面有记载股东姓名、身份证号码的表格，可供背书转让。这些股份有限公司的股票要在证券交易所上市交易，必须将纸面股票全部存管（曾称为“托管”）在证券登记机构，然后由证券登记机构将其中的股权信息转化为可供证券交易所电脑主机接受的电子凭证。随着电子计算机技术在新股发行中的广泛运用，拟上市公司发行的股票全部使用无纸化股票的形式，大大提高了发行和上市交易效率。无纸化股票的形式属于国务院证券监督管理机构规定的形式。证券交易所的交易规则就规定证券交易采用无纸化的形式等。

2. 账户的保密

《证券法》第四十四条规定：“证券交易所、证券公司、证券登记结算机构必须依法为客户开立的账户保密。”

从事证券交易的投资者应当依法开立账户。投资者开立的账户包括证券账户和资金账户。证券交易所、证券公司、证券登记结算机构的工作性质决定了他们了解掌握客户账户的信息。账户的保密是为了保护投资者的财产权利，避免不法分子刺探财产隐私以及挪用、盗买、盗卖、盗取等。除了依法应当向司法机关、国务院证券监督管理机构提供的情形外，证券交易所、证券公司、证券登记结算机构不得向账户主人之外的任何个人或单位泄露投资者的账户信息，包括开户人姓名、账号、证券名称及数量、资金数量等信息。

3. 交易收费

《证券法》第四十六条规定：“证券交易的收费必须合理，并公开收费项目、收费标准和收费办法。证券交易的收费项目、收费标准和管理办法由国务院有关主管部门统一规定。”对投资者来说，证券交易的收费是指证券交易中有关证券机构向投资者收取税收以外的费用。以上海证券交易所A股交易为例，投资者每笔交易除了成交价外需要支付的价款包括：佣金，不超过成交金额的0.3%，起点5元，由证券公司向投资者收取;过户费，成交面额的0%，起点1元，由登记结算公司向投资者收取；印花税，成交金额的0.1%，由税务机关收取。这3项价款中的佣金、过户费属于证券交易的收费，印花税不属于证券交易的收费。

任务二　证券交易规则

证券交易是通过证券交易所交易系统进行的证券转让行为，是组织性最强、集中性最高的证券交易活动，也称为场内交易。与场内交易相对应的概念是场外交易，它是指在证券交易所之外进行的证券交易。场外交易涉及大量非上市公司非公开发行的股票和其他非上市证券的交易。本书所阐述的证券交易是狭义的证券交易，不包括场外交易。因此，对场外交易的规则不作介绍。我国的场内交易是指在上海和深圳证券交易所进行的证券交易。场内交易是最主要的证券交易，处于证券交易的核心地位。因此，场内交易规则也是最主要的证券交易规则。

场内交易规则中的基本原则即《证券法》第三条规定的公开、公平、公正的原则和第四条规定的自愿、有偿、诚实信用的原则。同时，场内交易还要遵守有关法律、行政法规和部门规章及证券交易所的业务规则。根据《证券法》第一百一十八条的规定，证券交易所依法制定的交易规则报国务院证券监督管理机构批准。2006年7月1日起施行的新的《上海证券交易所交易规则》和《深圳证券交易所交易规则》是根据《证券法》有关场内交易规则制定的业务规则，是中国证监会批准发布的，也具有证券法律规范的效力。

一、交易市场

场内交易是指在证券交易所组织的场内交易市场进行的交易。根据证券交易所的交易规则

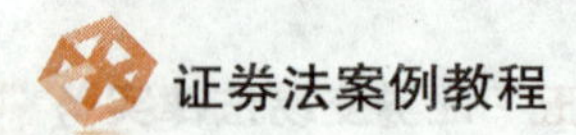

规定，交易市场由交易场所、交易参与人、交易品种和交易时间构成。

（一）交易场所

交易场所即证券交易所为证券交易提供的交易场所和设施，由交易主机、交易大厅、交易席位、报盘系统及相关的通信系统等组成。

上海证券交易所和深圳证券交易所均设置交易大厅，供登记在册的交易员和场内监管人员使用。证券交易所会员可以通过其派驻交易大厅的交易员利用交易席位进行申报。

（二）交易参与人

《证券法》第一百一十条规定："进入证券交易所参与集中交易的，必须是证券交易所的会员。"场内交易的交易参与人是证券交易所的会员。除了会员，上海证券交易所还规定，该所认可的机构也可以是交易参与人。交易参与人在交易场所进行证券交易，须向证券交易所申请取得相应的交易席位和交易权。

《证券法》第一百一十一条规定："投资者应当与证券公司签订证券交易委托协议，并在证券公司开立证券交易账户，以书面、电话以及其他方式，委托该证券公司代其买卖证券。"所以，除了证券交易所会员和该所认可的机构，一般投资者的身份是委托人，而不是交易参与人，必须委托有交易席位或交易权的会员或机构进行证券交易，而不能直接进入证券交易所进行证券交易。

（三）交易品种

交易品种是指可以在证券交易所交易市场挂牌交易的证券，包括股票、基金、债券、债券回购、权证，以及经中国证监会批准的其他交易品种。

（四）交易时间

两个证券交易所的交易时间均为每周一至周五。国家法定假日和证券交易所公告的休市日，交易市场休市。采用竞价交易方式的，每个交易日的 9：00～9：25 为开盘集合竞价时间。连续竞价和收盘竞价的时间两所不同。上海证券交易所规定 9：30～11：30、13：00～15：00 为连续竞价时间。深圳证券交易所规定 9：30~11：30、13：00～14：57 为连续竞价时间，14：57～15：00 为收盘集合竞价时间。

根据市场发展需要，经中国证监会批准，证券交易所可以调整交易时间。交易时间内因故停市，交易时间不作顺延。

二、买卖证券

证券买卖是指证券交易所会员接受投资者的委托，通过证券交易所交易市场买卖证券的行为和过程。

（一）一般规定

证券买卖的一般规定主要有以下几项。

（1）会员接受投资者的买卖委托后，应当按照委托的内容向交易所申报，并承担相应的交易、交收责任。会员接受投资者买卖委托达成交易的，投资者应当向会员交付其委托会员卖出的证券或其委托会员买入证券的款项，会员应当向投资者交付卖出证券所得款项或买入的证券。

（2）会员通过报盘系统向交易主机发送买卖申报指令，并按交易所交易规则达成交易，交易结果及其他交易记录由交易所发送给会员。

（3）会员应当按照有关规定妥善保管委托和申报记录。《证券法》第一百四十七条规定：

“证券公司应当妥善保存客户开户资料、委托记录、交易记录和与内部管理、业务经营有关的各项资料，任何人不得隐匿、伪造、篡改或者毁损。上述资料的保存期限不得少于二十年。”

（4）投资者买入的证券，在交收前不得卖出，但实行回转交易的除外。证券的回转交易是指投资者买入的证券，经确认成交后，在交收前全部或部分卖出。债券和权证实行当日回转交易，B 股实行次交易日起回转交易。

（5）“T+1”交易规则。它是指投资者当天买入的股票不能在当天卖出，需待第二天进行交收过户后方可卖出，也就是第二天才可卖出股票。当日回转交易可以简称为“T+0”交易。“T”指交易日，“T+0”指交易日当日，“T+0”交易即当下买入的证券，可以在当日再行卖出。原《证券法》第一百零六条规定：“证券公司接受委托或者自营，当日买入的证券，不得在当日再行卖出。”这是立法对当日回转交易的强制性规定，这样的规定限制了证券交易规则的运用，因此新《证券法》取消了这项禁止性规定，为“T+0”交易规则运用开了先河。目前，上海和深圳证券交易所的 A 股买卖实行的是“T+1”交易规则，而债券和股指期货交易实行“T + 0”交易规则。股票、基金等品种的当日回转交易，今后可能在适当时机有条件地放开。

（二）指定交易和转托管

1. 上海证券交易所的指定交易

上海证券交易所交易市场的证券交易实行全面指定交易制度，境外投资者从事 B 股交易除外。全面指定交易是指参与该所交易市场证券买卖的投资者必须事先指定一家会员作为其买卖证券的受托人，通过该会员参与证券买卖。投资者应当与指定交易的会员签订指定交易协议，明确双方的权利、义务和责任。指定交易协议一经签订，会员即可根据投资者的申请向该所交易主机申报办理指定交易手续。投资者变更指定交易的，应当向已指定的会员提出撤销申请，由该会员申报撤销指令。指定交易撤销后即可重新申办指定交易。

在实行指定交易制度前，投资者可以在全国任何一家会员处委托买卖，俗称“通买通卖”。投资者与会员的关系如此自由，在方便投资者的同时也给不法分子异地盗买、盗卖、盗取款提供了技术上的可能。1998 年 3 月 2 日起，上海证券交易所实行全面指定交易制度。全面指定交易制度比较有效地遏止了异地盗买、盗卖、盗取款的违法犯罪，保证了投资者证券买卖的安全。

2. 深圳证券交易所的转托管

深圳证券交易所的规则与上海证券交易所不同。投资者虽然可以用同一证券账户在多个证券营业部买入证券，但投资者在哪个证券营业部买进的证券就只能在该证券营业部卖出，不能“通买通卖”。如果要换一家证券营业部买卖证券同时又不想卖出原买入的证券，应当在原买入证券的证券营业部办理转托管手续，把原买入证券转到指定的证券营业部。转托管完成后，才可以在转入的证券营业部委托卖出。

（三）委托

1. 成为客户的条件

投资者买卖证券应当开立证券账户和资金账户，并与证券交易所会员签订证券交易委托协议。协议生效后，投资者即成为该会员经纪业务的客户。《证券法》第一百一十一条规定：“投资者应当与证券公司签订证券交易委托协议，并在证券公司开立证券交易账户，以书面、电话以及其他方式，委托该证券公司代其买卖证券。”

中国证券登记结算有限责任公司《证券账户管理规则》规定，中国证券登记结算有限责任公司上海、深圳分公司及公司委托的开户代理机构为投资者开立证券账户。开户代理机构是指中国证券登记结算有限责任公司委托代理证券账户开户业务的证券公司、商业银行及公司的境外B股结算会员。

2. 委托方式

客户可以通过书面或电话、自助终端、互联网等自助委托方式委托证券交易所会员买卖证券。电话、自助终端、互联网等自助委托应当按相关规定操作。客户通过自助委托方式参与证券买卖的，会员应当与其签订自助委托协议。

3. 委托指令

客户的委托指令一般应当包括下列内容：证券账户号码、证券代码、买卖方向、委托数量、委托价格、证券交易所及会员要求的其他内容。实践中，证券营业部以资金账号或其他方式默认客户证券账户号码的，客户自助委托时可以不按、不输证券账户号码。

4. 限价或市价

客户可以采用限价委托或市价委托的方式委托买卖证券。限价委托是指客户委托会员按其限定的价格买卖证券，证券公司必须按限定的价格或低于限定的价格申报买入证券；按限定的价格或高于限定的价格申报卖出证券。市价委托是指客户委托会员按市场价格买卖证券。

5. 撤销和失效

客户可以撤销委托的未成交部分。被撤销和失效的委托，会员应当在确认后及时向客户返还相应的资金或证券。

（四）申报

1. 申报时间

上海证券交易所接受会员竞价交易申报的时间为每个交易日9：15～9：25、9：30～11：30、13：00～15：00。深圳证券交易所接受会员竞价交易申报的时间为每个交易日9：15～11：30、13：00～15：00，但9：25～9：30，交易主机只接受申报，不对买卖申报或撤销申报作处理。会员应当按照客户委托的时间先后顺序及时向本所申报。

2. 限价申报和市价申报

会员根据限价委托进行的限价申报指令应当包括证券账号、营业部席位代码、证券代码、买卖方向、数量、价格等内容。会员根据市价委托进行的市价申报指令应当包括申报类型、证券账号、营业部席位代码、证券代码、买卖方向、数量等内容。

市价申报一般只适用于有价格涨跌幅限制的证券连续竞价期间的交易。

3. 申报数量

通过竞价交易买入股票、基金、权证的，申报数量应当为100股（份）或其整数倍。卖出时，余额不足100股（份）的部分，应当一次性申报卖出。

竞价交易中，债券交易的申报数量应当为1手或其整数倍，债券质押式回购交易的申报数量应当为100手或其整数倍，债券买断式回购交易的申报数量应当为1000手或其整数倍。债券交易和债券买断式回购交易以人民币1000元面值债券为1手，债券质押式回购交易以人民币1000元标准券为1手。

股票、基金、权证交易单笔申报最大数量应当不超过100万股（份），债券交易和债券质押式回购交易单笔申报最大数量应当不超过1万手，债券买断式回购交易单笔申报最大数量应当不超过5万手。

4. 最小变动单位

A 股、债券交易和债券买断式回购交易的申报价格最小变动单位为 0.01 元人民币，基金、权证交易为 0.001 元人民币，上海 B 股交易为 0.001 美元，深圳 B 股交易为 0.01 港元，上海债券质押式回购交易为 0.005 元人民币，深圳债券质押式回购交易为 0.01 元人民币。

5. 涨跌幅限制

股票、基金交易实行价格涨跌幅限制，涨跌幅比例为 10%，其中 ST 股票价格涨跌幅比例为 5%。涨跌幅价格的计算公式为

涨跌幅价格=前收盘价×上涨跌幅比例

计算结果按照四舍五入原则取至价格最小变动单位。

属于下列情形之一的，首个交易日无价格涨跌幅限制：首次公开发行上市的股票和封闭式基金、增发上市的股票、暂停上市后恢复上市的股票、证券交易所或中国证监会认定的其他情形。

买卖有价格涨跌幅限制的证券，在价格涨跌幅限制以内的申报为有效申报，超过价格涨跌幅限制的申报为无效申报。

（五）竞价

集中竞价交易是指买卖双方向证券交易所或其他证券交易组织机构公开报价，按照价格优先、时间优先的原则撮合成交的交易方式。集中竞价交易采用集合竞价和连续竞价两种方式。

（1）集合竞价是指在规定时间内接受的买卖申报一次性集中撮合的竞价方式。

在规定时间内到达的申报并不马上成交，而是先存储在电脑中，在规定产生成交价的时点匹配撮合。上海证券交易所每个交易日 9：15～9：25 竞价申报，9：20～9：25 进行开盘集合竞价，就是典型的集合竞价交易。集合竞价交易属于定期交易。

（2）连续竞价是指对买卖申报逐笔连续撮合的竞价方式。

在规定时间内的撮合可以连续不断地进行。买卖双方的申报，只要符合成交条件，就可以立即成交。上海证券交易所每个交易日 9：30～11：30 和 13：00～15：00 竞价申报，逐笔连续撮合，就是典型的连续竞价交易。连续竞价交易属于连续交易。

开盘集合竞价期间未成交的买卖申报，自动进入连续竞价。深圳证券交易所连续竞价期间未成交的买卖申报，自动进入收盘集合竞价。

（六）成交

1. 价格优先、时间优先原则

证券竞价交易按价格优先、时间优先的原则撮合成交。成交时价格优先的原则为：较高价格买入申报优先于较低价格买入申报，较低价格卖出申报优先于较高价格卖出申报。成交时间优先的原则为：买卖方向、价格相同的，先申报者优先于后申报者。先后顺序按交易主机接受申报的时间确定。

2. 集合竞价的成交价格

集合竞价时，成交价格的确定原则为：可实现最大成交量的价格；高于该价格的买入申报与低于该价格的卖出申报全部成交的价格；与该价格相同的买方或卖方至少有一方全部成交的价格。

对两个以上申报价格符合上述条件的，上海证券交易所规定：使未成交量最小的申报价格为成交价格；仍有两个以上使未成交量最小的申报价格符合上述条件的，其中间价为成交价格。

深圳证券交易所则规定，取距前收盘价最近的价格为成交价。

集合竞价的所有交易以同一价格成交。

3. 连续竞价的成交价格

连续竞价时，成交价格的确定原则为：最高买入申报价格与最低卖出申报价格相同，以该价格为成交价格；买入申报价格高于即时揭示的最低卖出申报价格的，以即时揭示的最低卖出申报价格为成交价格；卖出申报价格低于即时揭示的最高买入申报价格的，以即时揭示的最高买入申报价格为成交价格。

（七）大宗交易

大宗交易是由证券交易所在日常集中竞价交易之外单独安排撮合成交的交易方式。

1. 适用条件

在证券交易所进行的证券买卖符合以下条件的，可以采用大宗交易方式：A 股单笔买卖申报数量应当不低于 50 万股，或者交易金额不低于 300 万元人民币；上海 B 股单笔买卖申报数量应当不低于 50 万股，或者交易金额不低于 30 万美元；深圳 B 股单笔交易数量不低于 5 万股，或者交易金额不低于 30 万元港币；基金单笔买卖申报数量不低于 300 万份，或者交易金额不低于 300 万元。债券方面的规定两个证券交易所有所不同。

2. 申报

（1）上海证券交易所接受大宗交易申报的时间为每个交易日 9：30～11：30、13：00～15：30。深圳证券交易所接受大宗交易申报的时间为每个交易日 9：15～11：30、13：00～15：30。截止时间均比日常集中竞价交易迟 30 分钟。

（2）大宗交易的申报包括意向申报和成交申报。意向申报指令应包括证券账号、证券代码、买卖方向等。成交申报指令应包括证券代码、证券账号、买卖方向、交易价格、交易数量等。

当意向申报被会员接受（包括其他会员报出比意向申报更优的价格）时，申报方应当至少与一个接受意向申报的会员进行成交申报。买卖双方达成协议后，向证券交易所交易系统提出成交申报，申报的交易价格和数量必须一致。成交申报一经证券交易所确认，不得变更或撤销，买卖双方必须承认交易结果。

3. 一级交易商制度

证券交易所债券大宗交易实行一级交易商制度。经证券交易所认可的会员，可以担任一级交易商，通过大宗交易系统进行债券双边报价业务。

三、其他交易事项

（一）开盘价与收盘价

证券的开盘价为当日该证券的第一笔成交价格，通过集合竞价方式产生，不能产生开盘价的，以连续竞价方式产生。

上海证券交易所证券的收盘价为当日该证券最后一笔交易前一分钟所有交易的成交量加权平均价（含最后一笔交易）。

深圳证券交易所证券的收盘价通过集合竞价的方式产生。收盘集合竞价不能产生收盘价的，以当日该证券最后一笔交易前一分钟所有交易的成交量加权平均价（含最后一笔交易）为收盘价。

（二）挂牌、摘牌、停牌与复牌

对上市证券实行挂牌交易。证券上市期届满或依法不再具备上市条件的，证券交易所终止其上市交易，并予以摘牌。股票、封闭式基金交易出现异常波动的，证券交易所可以决定停牌，直至有披露义务的当事人做出公告，于当日的上午 10：30 予以复牌。

挂牌又称上市，是取得场内交易的资格；摘牌又称退市，是终止其上市，取消或自然丧失场内交易的资格；停牌是临时停止交易，场内交易的资格依然存在，有披露义务的当事人做出公告当日的上午 10：30 复牌，即恢复场内交易。

（三）除权与除息

上市证券发生权益分派、公积金转增股本、配股等情况，证券交易所在权益登记日（B 股为最后交易日）次一交易日对该证券做除权除息处理，另有规定的除外。除权（息）参考价格的计算公式为

$$\text{除权（息）参考价格}=\frac{[\text{（前收盘价格}-\text{现金红利）}+\text{配（新）股价格}\times\text{流通股份变动比例}]}{\text{（}1+\text{流通股份变动比例）}}$$

除权（息）日即时行情中显示的该证券的前收盘价为除权（息）参考价。除权（息）日证券买卖，按除权（息）参考价格作为计算涨跌幅度的基准，另有规定的除外。

四、证券交易信息

《证券法》第一百一十三条第一款规定：“证券交易所应当为组织公平的集中交易提供保障，公布证券交易即时行情，并按交易日制作证券市场行情表，予以公布。”证券交易信息的公开是证券交易所实行公开原则的主要义务，也是投资者根据市场信息做出证券交易判断和决策的根本保证。

证券交易所应当在每个交易日发布证券交易即时行情、证券指数、证券交易公开信息（例如日收盘价格涨跌幅偏离值达到 7% 的各前 3 只证券、日价格振幅达到 15% 和日换手率达到 20% 的前 3 只证券的当日买入、卖出金额最大的 5 家会员营业部的名称及其买入、卖出金额）等交易信息；及时编制反映市场成交情况的各类日报表、周报表、月报表和年报表，并予以发布。

五、交易行为监督与交易异常情况处理

《证券法》第一百一十五条第一款规定：“证券交易所对证券交易实行实时监控，并按照国务院证券监督管理机构的要求，对异常的交易情况提出报告。”第三款规定：“证券交易所根据需要，可以对出现重大异常交易情况的证券账户限制交易，并报国务院证券监督管理机构备案。”《证券法》第一百一十四条规定：“因突发性事件而影响证券交易的正常进行时，证券交易所可以采取技术性停牌的措施；因不可抗力的突发性事件或者为维护证券交易的正常秩序，证券交易所可以决定临时停市。证券交易所采取技术性停牌或者决定临时停市，必须及时报告国务院证券监督管理机构。”

六、融资融券交易

融资融券交易又称证券信用交易，是指证券公司向客户出借资金供其买入上市证券或者出借上市证券供其卖出，并收取利息的经营活动。融资融券交易分为融资交易和融券交易。融资交易是指自有资金不足时，客户向证券公司交纳一定的保证金，从向证券公司借入一定数量的

资金买入证券的交易行为。融资交易也称为“买空”。例如，如果预期“五粮液”股票价格能从每股20元上涨到每股50元，投资者不仅可以用自有资金买入“五粮液”股票，还可以用现金或者股票做担保物，向证券公司借入一定数量的资金买入“五粮液”股票。融券交易是指自有证券不足时，客户向证券公司交纳一定的保证金，融入一定数量的证券并卖出的交易行为。客户向证券公司融券卖出是融券交易，也称为“卖空”。例如，如果预期“五粮液”股票价格会从每股20元下跌到每股16元，客户不仅可以把自有的“五粮液”股票卖出，还可以用现金或者股票作为担保物，向证券公司借入一定数量的“五粮液”股票卖出。之后，当“五粮液”股票下跌到每股16元时再买入，用相同数量的“五粮液”股票返还给证券公司。

根据中国证监会制定的《证券公司融资融券业务管理办法》开展的融资融券交易，在场内交易规则上有一些特殊规定。上海证券交易所和深圳证券交易所就融资融券交易已经分别制定了实施细则。现将有关规则简要介绍如下。

（一）业务许可

证券公司申请融资融券业务资格试点，应当具备经营证券经纪业务已满三年。

证券公司申请融资融券业务资格，应当向证监会提交融资融券业务资格申请书等相关材料，同时抄报注册地证监会派出机构。证监会依照法定程序和管理法规定的条件，对申请材料进行审查，做出批准或者不予批准的决定，并书面通知申请人。

（二）客户交易规则

1. 开立专门账户

融资融券交易不使用普通证券账户和普通资金账户，而使用专门的账户。

（1）在证券登记结算机构开立的专门账户。

证券公司经营融资融券业务，应当以自己的名义，在证券登记结算机构分别开立融券专用证券账户、客户信用交易担保证券账户、信用交易证券交收账户和信用交易资金交收账户。融券专用证券账户用于记录证券公司持有的拟向客户融出的证券和客户归还的证券，不得用于证券买卖；客户信用交易担保证券账户用于记录客户委托证券公司持有、担保证券公司因向客户融资融券所生债权的证券；信用交易证券交收账户用于客户融资融券交易的证券结算；信用交易资金交收账户用于客户融资融券交易的资金结算。

证券公司与客户签订融资融券合同后，应当根据客户的申请，按照证券登记结算机构的规定，为其开立实名信用证券账户。客户用于一家证券交易所上市证券交易的信用证券账户只能有一个。客户信用证券账户与其普通证券账户的开户人的姓名或者名称应当一致。客户信用证券账户是证券公司客户信用交易担保证券账户的二级账户，用于记载客户委托证券公司持有的担保证券的明细数据。

（2）在商业银行开立的专门账户。

证券公司经营融资融券业务，应当以自己的名义，在商业银行分别开立融资专用资金账户和客户信用交易担保资金账户。融资专用资金账户用于存放证券公司拟向客户融出的资金及客户归还的资金；客户信用交易担保资金账户用于存放客户交存的、担保证券公司因向客户融资融券所生债权的资金。

2. 签订融资融券合同

证券公司在向客户融资、融券前，应当与其签订载入中国证券业协会规定的必备条款的融资融券合同，明确约定融资、融券的额度、期限、利率（费率）、利息（费用）的计算方式；

保证金比例、维持担保比例、可充抵保证金的证券的种类及折算率、担保债权范围；追加保证金的通知方式、追加保证金的期限；客户清偿债务的方式及证券公司对担保物的处分权利；融资买入证券和融券卖出证券的权益处理等有关事项。

3. 委托融资、融券交易方式

融资买入、融券卖出的申报数量应当为 100 股（份）或其整数倍。

融券卖出的申报价格不得低于该证券的最新成交价；当天没有产生成交的，申报价格不得低于其前收盘价。低于上述价格的申报为无效申报。

客户融资买入证券后，可通过卖券还款或直接还款的方式向证券公司偿还融入资金。卖券还款是指客户通过其信用证券账户申报卖券，结算时卖出证券所得资金直接划转至证券公司融资专用资金账户的一种还款方式。以直接还款方式偿还融入资金的，具体操作按照证券公司与客户之间的约定办理。

客户融券卖出后，可通过买券还券或直接还券的方式向证券公司偿还融入证券。买券还券是指客户通过其信用证券账户申报买券，结算时买入证券直接划转至证券公司融券专用证券账户的一种还券方式。以直接还券方式偿还融入证券的，按照证券公司与客户之间约定以及本所指定登记结算机构的有关规定办理。

（三）负债经营规则

无论是客户进行融资交易，还是融券交易，都需要向证券公司交纳一定的保证金。客户向证券公司提交的保证金可以是现金或者可冲抵保证金的证券。因此，只要客户进行“买空”“卖空”交易，就是放大了投资的资本杠杆，是在负债经营。

《证券公司融资融券管理办法》规定，客户交付的保证金与“买空”“卖空”交易的金额比例不能低于 50%。例如，某客户信用账户中有 100 元现金，当客户进行“买空”交易时，可以向证券公司最多借入 200 元进行股票购买，实际上客户借债 200 元进行负债经营，客户的负债比例是 200%；再如，某客户信用账户中有 100 元现金，当客户进行“卖空”交易时，可以向证券公司最多借入 200 元市值的股票进行卖出，实际上客户也是借债 200 元进行负债经营，客户的负债比例也是 200%。

七、股指期货交易

股指期货全称是股票价格指数期货（Share Price Index Futures，SPIF），也可称为股价指数期货或期指，是指以股价指数为标的物的标准化期货合约，双方约定在未来的某个特定日期，可以按照事先确定的股价指数的大小，进行标的指数的买卖。股指期货交易是指双方以一定期限后的股票指数价格水平作为标的进行交易，通过现金结算差价来进行交割。作为期货交易的一种类型，股指期货交易与普通商品期货交易具有基本相同的特征和流程。股指期货是期货的一种，期货可以大致分为两大类，商品期货与金融期货。股指期货属于金融期货。

我国的股指期货于 2010 年 4 月 16 日起上市交易，交易的标的是沪深 300 股指期货合约。沪深 300 指数是以 2004 年 12 月 31 日为基期，基点为 1000 点，其计算是以调整股本为权重，采用派许加权综合价格指数公式进行计算。沪深 300 指数是由上海和深圳证券市场中选取 300 只 A 股作为样本，其中沪市有 179 只，深市 121 只。2010 年 4 月 16 日上市交易当天开盘的合约基准价位为 3399 点，一手合约价值约 102 万元。按照合约到时期日划分，首批上市合约为 2010 年 5 月、6 月、9 月和 12 月合约，即合约交割期限为 1 个月、2 个月、5 个月和 8 个月。

股指期货交易实行保证金和涨跌停板制度。交易保证金是指客户在其专用结算账户中已被占用的，确保其持仓合约履行的资金。沪深300股指期货合约交易保证金，5月、6月合约暂定为合约价值的15%，9月、12月合约暂定为合约价值的18%。例如，假设2010年4月16日上市交易当天开盘的合约基准价位为3399点，客户买一手5月合约，需要资金是102万元，自有资金必须拥有15.3万元；如果客户买一手9月合约，所需要自有资金是18.36万元。涨跌停板制度是指期货合约在一个交易日中的成交价格不能高于或低于以该合约上一交易日结算价为基准的某一涨跌幅度，超过该范围的报价将视为无效，不能成交。上市当日涨跌停板幅度，5月、6月合约为挂盘基准价的±10%，9月、12月合约为挂盘基准价的±20%。

股指期货交易的合约价值是沪深300指数点×300元/点。

报价单位为指数点，最小变动价位0.2点；合约月份当月、下月及随后两个季月，交易时间上午9：15~11：30，下午13：00~15：15。最后交易日交易时间上午9：15~11：30，下午13：00~15：00；交割方式为现金交割。

股指期货交易的手续费规定。沪深300股指期货合约交易手续费为成交金额的万分之零点五，交割手续费标准为交割金额的万分之一。股指期货交易的最后交易日与交割日为"合约到期月份的第3个周五，遇国家法定假日顺延"。根据计算，每月的第3个周五基本都在当月中旬，有时甚至会在当月的14号、15号，这与国外股指期货通常在月末交割有所不同。

股指期货交易的保证金分为结算准备金和交易保证金。结算准备金是指会员为了交易结算在交易所专用结算账户中预先准备的资金，是未被合约占用的保证金。交易保证金是指会员存入交易所专用结算账户中确保合约履行的资金，是已被合约占用的保证金。当买卖双方成交后，交易所按持仓合约价值的一定比率向双方收取交易保证金。

此外，股指期货交易还有追加保证金、强行平仓制度，期货合约具有保证套期保值效果等，不具体介绍。

任务三　禁止从事的证券交易行为

经典实例 

2010年4月1日，甲上市公司（以下简称甲公司）因在财务会计报告中做虚假记载，致使中小投资者在股票交易中遭受重大损失，被中国证券监督管理委员会查处。中国证监会在对甲公司的检查中还发现下列事实。

（1）甲公司多次以自己为交易对象，进行不转移所有权的自买自卖，影响甲公司股票的交易价格和成交量。

（2）2010年1月10日，甲公司董事会讨论通过对乙上市公司的收购方案，董事A第2天将该收购方案透露给自己的大学同学张某，张某根据该信息在对甲公司股票的短线操作中获利20万元。

（3）2010年2月1日，注册会计师王某接受甲公司的委托，为甲公司的年度报告出具审计报告，甲公司的年度报告于2010年3月1日公布。3月10日，王某将自己于2010年1月20日买入的甲公司股票全部卖出，获利10万元。

（4）甲公司在法定的会计账册以外另立账册。

（5）2010年6月1日，中国证监会对甲公司做出罚款100万元的决定。6月5日，投资者B在对甲公司的诉讼中胜诉，人民法院判决甲公司赔偿B的证券交易损失500万元。因甲公司财产不足以同时支付罚款和民事赔偿责任，中国证监会向甲公司提出应首先缴纳罚款。

根据以上事实和我国《公司法》《证券法》的规定，分析回答下列问题。

（1）指出本题要点（1）中甲公司的行为属于何种行为？并说明理由。

（2）董事A的行为是否符合法律规定？并说明理由。

（3）注册会计师王某的行为是否符合法律规定？并说明理由。

（4）甲公司在法定的会计账册以外另立账册的行为应承担何种法律责任？

（5）甲公司对股东提供虚假财务会计报告的行为应承担何种法律责任？

（6）如果甲公司对中国证监会的处罚决定不服，可以进行何种申诉？

（7）因甲公司提供虚假的财务会计报告，中小投资者的损失应如何处理？

（8）中国证监会的主张是否成立？并说明理由。

禁止的交易行为是法律禁止在证券交易中所为的行为。此类行为违反了证券法的公平、公正、公开原则及诚信原则，造成证券交易市场中利益的认为分配不合理、不均衡，破坏了机会均等的根本原则，最终侵害了广大社会公众的利益，因此被现代法律制度所排斥。我国《证券法》禁止的证券交易行为主要有内幕交易、操纵市场、虚假陈述、欺诈客户等。

一、内幕交易

经典实例

D股份有限公司是一家上市公司。2005年12月20日，公司文员乙在打印一份文件时得知，公司将有重大变化：公司与中国建设银行发生重大经济纠纷，D股份有限公司用以抵押的办公大楼将被法院拍卖，拍卖底价为5000万元人民币，占公司固定资产的35%。于是，乙将自己手中持有的1000股公司股票出售，获利12000元。她又将此消息告诉好友丙，丙也将自己手中的股票抛出。2006年2月12日，乙获知公司将收购本公司部分股票，于是又马上买进10000股公司股票。同年10月，将其抛出，获利10000元。D股份有限公司知道后，给其50000元罚款。乙认为，自己是一般工作人员，不是高级管理人员，不属于证券交易内幕信息的知情人，自己买卖股票是一般股东的投资行为，也不会引起股市波动，公司的罚款是不公正的。

试分析以下问题。

（1）乙是否利用和泄露了内幕信息？内幕信息包括哪些？

（2）公司与中国建设银行发生的重大经济纠纷，是否属于公司的重大事件？公司的重大事件包括哪些？

（3）乙是否属于证券交易内幕信息的知情人？证券交易内幕信息的知情人包括哪些？

《证券法》禁止证券交易内幕信息的知情人员和非法获取内幕信息的人利用内幕信息从事证券交易活动。证券交易活动中，涉及公司的经营、财务或者对该公司证券的市场价格有重大影响的尚未公开的信息，为内幕信息。内幕信息包括：①《证券法》第六十七条第二款规定的重大事件；②公司分配股利或者增资的计划；③公司股权结构的重大变化；④公司债务担保的重大变更；⑤公司营业用主要资产的抵押、出售或者报废一次超过该资产的百分之三十；⑥公司的董事、监事、经理、高级管理人员的行为可能依法承担重大损害赔偿责任；⑦上市公司收购的有关方案；⑧国务院证券监督管理机构认定的对证券交易价格有显著影响的其他重要信息。

下列人员为知悉证券交易内幕信息的知情人员：①发行人的董事、监事、高级管理人员；②持有公司百分之五以上股份的股东及其董事、监事、高级管理人员，公司的实际控制人及其董事、监事、高级管理人员；③发行人控股的公司及其董事、监事、高级管理人员；④由于所任公司职务可以获取公司有关内幕信息的人员；⑤证券监督管理机构工作人员以及由于法定的职责对证券发行、交易进行管理的其他人员；⑥保荐人、承销的证券公司、证券交易所、证券登记结算机构、证券交易服务机构的有关人员；⑦国务院证券监督管理机构规定的其他人。

证券交易内幕信息的知情人或者非法获取内幕信息的人，在内幕信息公开前，不得买卖该公司的证券，不得泄露该信息，也不得建议他人买卖该证券。

持有或通过协议、其他安排与他人共同持有公司百分之五以上股份的自然人、法人、其他组织收购上市公司的股份，《证券法》另有规定的，适用其规定。

内幕交易行为给投资者造成损失的，行为人应当依法承担赔偿责任。

二、操纵市场

经典实例

某证券公司利用5.4亿元，以153个个人自营账户，炒买炒卖“南油物业”股票。该公司使用这些不同的账户对“南油物业”股票做数量相近、方向相反的交易，交易量达1400多万股，使该股票价格飞涨1.4倍。

请问：该证券公司的行为性质是什么？

操纵市场是指在证券市场中制造虚假繁荣、虚假价格，诱导或迫使其他投资者在不了解真相的情况下做出错误投资决定，从而使操纵者获取利益或减少损失。《证券法》明确禁止任何人以下列操纵市场的手段获取不正当利益或转嫁风险。

（1）通过单独或者合谋，集中资金优势、持股优势或利用信息优势联合或连续买卖，操纵证券交易价格或者证券交易量。

（2）与他人串通，以事先约定的时间、价格和方式相互进行证券交易，影响证券交易价格或证券交易量。

（3）在自己实际控制的账户之间进行证券交易，影响证券交易价格或证券交易量。

（4）以其他方法操纵证券交易价格。

操纵证券市场行为给投资者造成损失的，行为人应当依法承担赔偿责任。

三、虚假陈述

虚假陈述是指负有陈述义务的行为人在证券发行和证券交易过程中所公开的信息不符合真实性、准确性和完整性的要求。

证券发行过程中的虚假陈述主要有：发行公司和证券公司在公布的《招股说明书》等发行文件中做虚假陈述；为公司发行股票服务的会计师事务所、资产评估事务所、律师事务所等社会中介机构，在审计报告、资产评估报告、法律意见书等公开的发行文件中做虚假陈述；国务院证券监督管理机构等国家管理机构，以及与证券发行活动有关的新闻媒介等发出与证券发行有关的虚假陈述。

在证券交易过程中，发行公司必须对上市公告书、中期报告、年度报告、重大事件公告等公开信息的真实性、准确性和完整性负责；社会中介机构出具的专门报告不得有虚假陈述内容；国务院证券监督管理机构、证券交易所、证券登记结算机构、投资咨询机构等所涉及的与上市公司有关的陈述不得有虚假内容。

《证券法》就禁止虚假陈述行为做了以下明确规定。

（1）禁止国家工作人员、新闻传播媒介从业人员和有关人员编造并传播虚假信息，扰乱证券市场。

（2）禁止证券交易所、证券公司、证券登记结算机构、证券交易服务机构、社会中介机构及其从业人员，证券业协会、证券监督管理机构及其工作人员，在证券交易活动中做虚假陈述或者信息误导。

各种传播媒介传播证券交易信息必须真实、客观，禁止误导。

四、欺诈客户

经典实例

张某为上海某证券业务部申报员，他利用职务之便，擅自填写股票委托单，将某基金账户内的1000股“凤凰股份”股票和80股“飞乐音响”股票卖出，并将获得的18万元转入其女友资金账户，准备在上述两种股票价格下跌时，再买入同种类、同数量的股票归还到客户账户。但事与愿违该股票不跌反涨，遂案发。

请问：张某哪些行为属于证券欺诈？

禁止欺诈客户的规定是针对证券经营机构及其从业人员的，在证券交易中禁止各种诱骗投资者买卖证券以及其他违背投资者真实意愿、损害其利益的行为。《证券法》规定的欺诈客户行为主要有以下几方面。

（1）违背客户的委托为其买卖证券。

（2）不在规定的时间内向客户提供交易的书面确认文件。

（3）挪用客户所委托买卖的证券或客户账户上的资金。

（4）未经客户委托，擅自为客户买卖证券，或者假借客户的名义买卖证券。

（5）为谋取佣金收入，诱使客户进行不必要的证券买卖。

（6）利用传播媒介或者通过其他方式提供、传播虚假或者误导投资者的信息。

（7）其他违背客户真实意思表示，损害客户利益的行为。欺诈客户行为造成损失的，行为人应当依法承担赔偿责任。

闯关考验

一、选择题

1. 根据证券法律制度的规定，某上市公司的下列人员中，不得将其持有的该公司的股票在买入后6个月内卖出，或者在卖出后6个月内又买入的有（　　）。

A．董事会秘书　　B．监事会主席

C．财务负责人　　D．副总经理

2. 某上市公司董事吴某，持有该公司6%的股份。吴某将其持有的该公司股票在买入后的第5个月卖出，获利600万元。根据证券法律制度的规定，关于此收益，下列表述中，正确的有（　　）。

A．该收益应当全部归公司所有

B．该收益应由公司董事会负责收回

C．董事会不收回该收益的，股东有权要求董事会限期收回

D．董事会未在规定期限内执行股东关于收回吴某收益的要求的，股东有权代替董事会以公司名义直接向法院提起收回该收益的诉讼

3. 下列股票交易行为中，不违反证券法律制度规定的是（　　）。

A．甲上市公司的董事乙离职后第4个月，转让其所持甲上市公司的股票

B．因包销购入售后剩余股票而持有丙上市公司6%股份的丁证券公司，第3个月转让其所持丙上市公司的股票

C．戊上市公司的收购人，在收购行为完成后的第8个月，转让其所购股票的60%

D．庚上市公司持股8%的股东，将其持有的庚上市公司股票在买入后4个月内卖出

4. 下列股票交易行为中，违反证券法律制度规定的有（　　）。

A．甲上市公司的董事乙在甲公司股票上市交易之日起1年内转让自己所持甲公司股票的20%

B．W证券公司的从业人员Y，在任职期间，买卖Z上市公司的股票，W证券公司、从业人员Y与Z上市公司无任何关联关系

C．某上市公司的收购人，在收购行为完成后的第4个月，转让其所购股票的1/3

D．为M股份有限公司首次发行股票出具审计报告的N会计师事务所的H注册会计师，在该公司股票承销期满后的第11个月，买卖该公司的股票

5. 根据证券法律制度的规定，下列人员中，不属于证券交易内幕信息的知情人员的是（　　）。

A．上市公司的总会计师

B．持有上市公司3%股份的股东

C．上市公司控股的公司的董事

D．上市公司的监事

6. 根据证券法律制度的规定，下列尚未公开的信息中，属于内幕信息的有（　　）。

A．公司营业用主要资产的抵押一次达到该资产的20%

B．公司经理的行为可能需要依法承担重大损害赔偿责任

C．上市公司董事长发生变动

D．公司债务担保的重大变更

7. 根据《证券法》的规定，某上市公司的下列事项中，不属于证券交易内幕信息的是（　　）。

A．增加注册资本的计划

B．股权结构的重大变化

C．财务总监发生变动

D．监事会共5名监事，其中2名发生变动

8. 某证券公司利用资金优势，在3个交易日内连续对某一上市公司的股票进行买卖，使该股票从每股10元上升至13元，然后在此价位大量卖出获利。根据证券法律制度的规定，下列关于该证券公司行为效力的表述中，正确的是（　　）。

A．合法，因该行为不违反平等自愿、等价有偿的原则

B．合法，因该行为不违反交易自由、风险自担的原则

C．不合法，因该行为属于操纵市场的行为

D．不合法，因该行为属于欺诈客户的行为

9. 根据证券法律制度的规定，下列各项中，属于禁止的证券交易行为的有（　　）。

A．甲证券公司在证券交易活动中编造并传播虚假信息，严重影响证券交易

B．乙证券公司不在规定的时间内向客户提供交易的书面确认文件

C．丙证券公司利用资金优势，连续买卖某上市公司股票，操纵该股票交易价格

D．上市公司董事王某知悉该公司近期未能清偿到期重大债务，在该信息公开前将自己所持有的股份全部转让给他人

二、简答题

刘某为甲公司的董事。甲公司与乙公司签订一购销合同，甲公司在预先支付了数额巨大的货款后得知，乙公司已经严重亏损，资不抵债，没有任何履约能力，且甲公司的预付款已被当地银行划走抵冲银行欠款。刘某得知这一消息，认为此次公司损失巨大，必定会影响本公司股票价格。他首先将自己手中的本公司股票抛售，还建议好友王某等人也抛出该股票。半月后，甲乙公司购销合同事宜通过媒体向社会公布，消息一出，甲公司股价跌落50%。

（1）刘某的行为是什么违法行为？

（2）我国法律规定的该违法行为的主体包括哪些人？

（3）依据《证券法》，应对刘某如何处理？

三、实训项目：内幕交易的法律构成及案例评析

1. 实训准备

（1）提供内幕交易真实案例以及案件相关法律文书。

（2）提出案件所设的试题。

（3）推荐参考书目。

2. 实训目的

通过实训真实展现内幕交易的法律构成，使学生直观感受并了解内幕人员、内幕信息及内幕交易在法律要件上的要求，并能区分内幕交易与短线交易等类似行为的区别。

3. 实训内容及要求

（1）将学生分为3个小组，分别模拟内幕交易中的不同主体。

（2）由第1小组模拟内幕人员从事内幕交易及短线交易行为，并模拟提供有关书面文件。

（3）由第2小组模拟证监会分析是否构成内幕交易，并决定给出何种处罚。

（4）由第3小组模拟普通投资者提出赔偿要求，并提出赔偿标准和赔偿依据。

（5）各小组分别评议并写出书面评议报告。

（6）教师审阅评议报告并做总结。

微语录

项目六

上市公司收购制度

学习目标

△ 掌握公司收购的概念、特点，了解公司收购的主体和分类

△ 了解一般收购制度的内容，重点掌握权益公开规则和慢走规则

△ 了解继续收购制度的特点、性质、实施和法律后果，重点掌握收购要约的强制规则

△ 了解协议收购制度的含义、特点和类型，重点掌握其基本规则

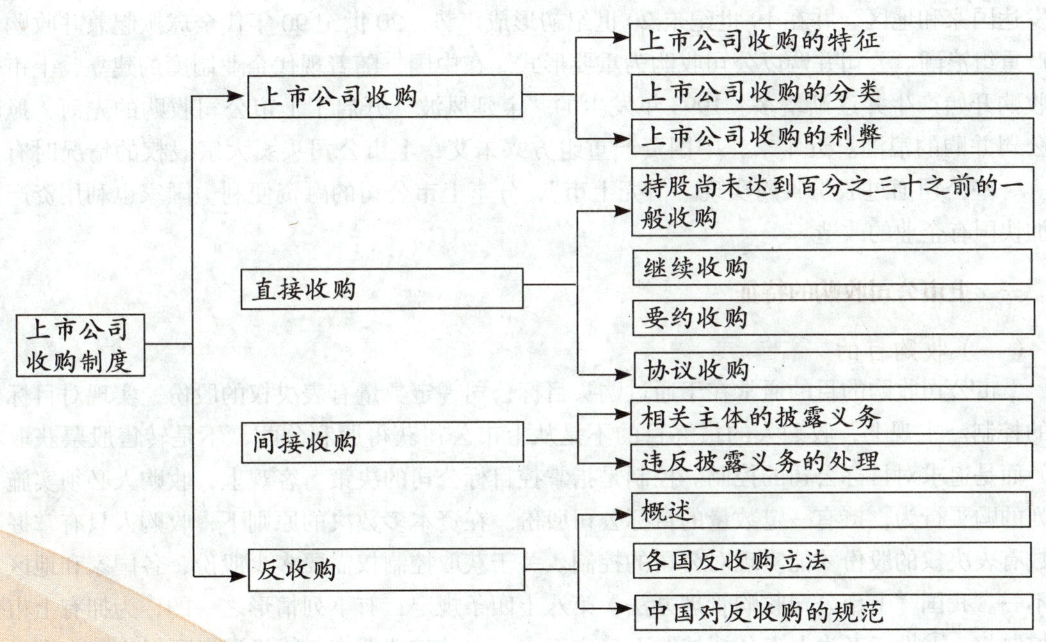

经典实例

甲、乙同为丙公司的子公司。甲、乙通过证券交易所的证券交易分别持有丁上市公司（该公司股本总额为3.8亿元，国家授权投资机构未持有该公司股份）2%、3%的股份。甲、乙在法定期间内向国务院证券监督管理机构和证券交易所报告并公告其持股比例后，继续在证券交易所进行交易。当分别持有丁上市公司股份10%、20%时，甲、乙决定继续对丁上市公司进行收购，在向国务院证券监督管理机构报送上市公司收购报告书之日起15日后，向丁上市公司的所有股东发出并公告收购该公司全部股份的要约，收购要约约定的收购期限为60天。收购要约期满，甲、乙持有丁上市公司的股份达到85%。持有其余15%股份的股东要求甲、乙继续以收购要约的同等条件收购其股票，但遭到拒绝。收购行为完成后，甲、乙在15日内将收购情况报告国务院证券监督管理机构和证券交易所，并予以公告。

根据上述事实及证券法律制度的规定，回答下列问题。

（1）甲、乙是否为一致行动人？简要说明理由。

（2）收购要约期满后，丁上市公司的股票是否还具备上市条件？简要说明理由。

（3）甲、乙拒绝收购其余15%股份的做法是否合法？简要说明理由。

任务一　上市公司收购

上市公司收购是指投资者通过购买上市公司发行在外的有表决权的股份达到一定比例，意图实现对该公司的控股或兼并的行为。公司并购最早出现在英国，后发展到西欧、美国、日本等发达国家和地区，并在19世纪末20世纪初形成声势。20世纪90年代全球掀起兼并收购和资产重组浪潮。公司并购以公司收购为重要形式。在中国，随着现代企业制度的建立，上市公司收购开始产生并逐渐增多。1993年发生的“宝延风波”开启了上市公司收购的先河，掀起了公司并购的浪潮。近年来，中国资产重组方兴未艾，上市公司买卖大宗股权的情况时有发生。一些公司通过股份收购实现“借壳上市”，分享上市公司的融资便利。国家也利用资产重组加快国有企业的改造。

一、上市公司收购的特征

（一）收购目的

上市公司收购的目的通常在于通过购买目标公司一定数量有表决权的股份，实现对目标公司的控制。主观上，收购人的最终目的不是从上市公司获得股利分配，不是转售股票获取利润，而是追求对目标公司的控制。控制是指掌控目标公司的决策。客观上，收购人必须实施一系列的购买行为，持有一定数量的目标公司股份。在资本多数决的原则下，收购人只有掌握了多数有表决权的股份才能实现对公司的控制。关于获取控制权需要多少股份，各国家和地区立法不一。我国《上市公司收购管理办法》第八十四条规定，有下列情形之一的，为拥有上市公司控制权：①投资者为上市公司持股百分之五十以上的控股股东；②投资者可以实际支配上市公司股份表决权超过百分之三十；③投资者通过实际支配上市公司股份表决权能够决定公司董事会半数以上成员选任；④投资者依其可实际支配的上市公司股份表决权足以对公司股东大会的决议产生重大影响；⑤中国证监会认定的其他情形。但是，不论具体购买行为是否出于追求控制，也不论购买人最终是否取得控制权，只要追求控制权过程中的购买行为符合《证券法》收购的条件，就应当受《证券法》相关规则的制约。

（二）收购人

上市公司收购制度重在信息披露以及强制要约，进而公平对待目标公司股东，维护证券市场秩序。而信息披露和强制要约都以持有目标公司一定比例的股份为前提。投资者持股达到一定比例自应适用相关规则，其他人如果和投资者一致行动持有目标公司一定比例股份，也须按此规则处理，否则收购制度的规制目的就不能实现。

关于一致行动人，美国、英国、日本等国的界定都比较宽松，范围非常广泛。一致行动人客观上共同实施了取得股份的行为，主观上具有一致行动的合意，这一合意可以是推定的。一致行动人包括关联人和非关联人。中国上市公司收购中也存在一致行动现象，1993 年的“宝延风波”、2001 年的“裕兴事件”和“高清事件”就是实例。但当时的证券法规并没有相关规则予以规制。现行《证券法》以及《上市公司收购管理办法》则对此做了具体规范。

关于收购人，《证券法》使用了“投资者持有或者通过协议、其他安排与他人共同持有”的表述，实际上将一致行动人纳入调整范围。《上市公司收购管理办法》的规定则非常明确而具体。其第五条第二款规定：上市公司收购的收购人包括投资者和与其一致行动的他人。第八十三条做出解释：一致行动是指投资者通过协议、其他安排，与其他投资者共同扩大其所能够支配的一个上市公司股份表决权数量的行为或者事实。在上市公司的收购及相关股份权益变动活动中有一致行动情形的投资者，互为一致行动人。如无相反证据，投资者有下列情形之一的，为一致行动人。

（1）投资者之间有股权控制关系。

（2）投资者受同一主体控制。

（3）投资者的董事、监事或者高级管理人员中的主要成员，同时在另一个投资者担任董事、监事或者高级管理人员。

（4）投资者参股另一投资者，可以对参股公司的重大决策产生重大影响。

（5）银行以外的其他法人、其他组织和自然人为投资者取得相关股份提供融资安排。

（6）投资者之间存在合伙、合作、联营等其他经济利益关系。

（7）持有投资者百分之三十以上股份的自然人，与投资者持有同一上市公司股份。

（8）在投资者任职的董事、监事及高级管理人员，与投资者持有同一上市公司股份。

（9）持有投资者百分之三十以上股份的自然人和在投资者任职的董事、监事及高级管理人员，其父母、配偶、子女及其配偶、配偶的父母、兄弟姐妹及其配偶、配偶的兄弟姐妹及其配偶等亲属，与投资者持有同一上市公司股份。

（10）在上市公司任职的董事、监事、高级管理人员及其前项所述亲属同时持有本公司股份的，或者与其自己或者其前项所述亲属直接或者间接控制的企业同时持有本公司股份。

（11）上市公司董事、监事、高级管理人员和员工与其所控制或者委托的法人或者其他组织持有本公司股份。

（12）投资者之间具有其他关联关系。一致行动人应当合并计算其所持有的股份。投资者计算其所持有的股份，应当不仅包括登记在其名下的股份，也包括登记在其一致行动人名下的股份。投资者认为其与他人不应被视为一致行动人的，可以向中国证监会提供相反证据。

外国投资者进行上市公司的收购及相关股份权益变动活动的，应当取得国家相关部门的批准，适用中国法律，服从中国的司法、仲裁管辖。外国投资者收购上市公司及在上市公司中拥有的权益发生变动的，除应当遵守《上市公司收购管理办法》的规定外，还应当遵守外国投资者投资上市公司的相关规定。

有下列情形之一的，任何人不得收购上市公司。

（1）收购人负有数额较大债务，到期未清偿，且处于持续状态。

（2）收购人最近三年有重大违法行为或者涉嫌有重大违法行为。

（3）收购人最近三年有严重的证券市场失信行为。

（4）收购人为自然人的，存在《公司法》第一百四十七条规定的情形。

（5）法律、行政法规规定以及中国证监会认定的不得收购上市公司的其他情形。

（三）目标公司的地位

目标公司本身不是收购关系中的一方主体。收购人直接从目标公司股东手中购买股份，无须目标公司经营人同意。但是，为了使股东获得充分的信息，立法规定了目标公司的信息披露义务，也规定了目标公司董事的额外责任。

特殊情况下，目标公司可能成为一方主体。例如，目标公司专门向收购人定向增发股票，导致收购人成为目标公司的控股股东。此时，目标公司必须履行增发股票程序和相关的信息披露义务。

（四）被收购证券

《上市公司收购管理办法》第五条规定："收购人可以通过取得股份的方式成为一个上市公司的控股股东，可以通过投资关系、协议、其他安排的途径成为一个上市公司的实际控制人，也可以同时采取上述方式和途径取得上市公司控制权。"但是，控制权的典型表现是有表决权的股份在公司股东大会上的表决优势，因此收购就是购买目标公司一定数量的发行在外的具有表决权的股份。发行在外的股票是指投资者持有的公司股票，一般不包括公司库存股票和公司以自己名义持有的本公司股票。发行在外的股票不限于流通股股票和 A 股股票。由于公司债券没有表决权，因而通常不会成为收购对象，但可转换公司债券是个例外，因为可转换公司债券在一定条件下可以转换为股票。

（五）借助证券交易所

收购行为不是在证券发行市场认购发行人股份，而是通过证券交易所购买上市公司的股份。只有通过收购上市公司一定比例股份的，才属于上市公司收购。上市公司收购必须借助证券交易所才能完成。证券交易所交易可以采用协议转让、集中竞价交易、要约收购、大宗交易等方式。其中，集中竞价收购往往难以控制收购的时间和成本，一方面，它必须依赖于市场上出售的股票数量；另一方面，它必须按照规定不断披露信息，因此较少采用。

（六）受证券法特别规制

收购应当遵守《证券法》关于公司收购的规定。根据《上市公司收购管理办法》，中国证监会可设立专门委员会，就具体交易是否构成公司收购等提出意见。2007 年 7 月，中国证监会发布《关于在发行审核委员会中设立上市公司并购重组审核委员会的决定》，设立上市公司并购重组审核委员会。同时，中国证监会发布《上市公司并购重组审核委员会工作规程》，保证上市公司并购重组审核工作的公开、公平和公正，提高并购重组审核工作的质量和透明度。

二、上市公司收购的分类

（一）法律分类

1. 直接收购与间接收购

直接收购是上市公司的股东作为收购人对上市公司进行的收购。直接收购较为常见。

间接收购是指收购人虽不是上市公司的股东，但通过投资关系、协议、其他安排导致其拥有权益的股份达到或者超过一个上市公司已发行股份的百分之五。例如，收购人通过获得甲公司的控制权间接控制受甲公司控制的乙公司。

2. 要约收购、协议收购、其他方式收购

要约收购是指收购人公开向目标公司的全体股东发出要约，收购该公司股份。要约收购适用专门的要约收购程序，必须在证券交易所场内进行，但不要求必须采取集中竞价的方式。要约收购减少了与分散的股东谈判进行协议收购的麻烦，也可以在确定的时间内得知是否成功，并且因为用固定的价格发出要约，而控制了收购成本。要约收购始于 20 世纪 50 年代英国的“查尔斯 • 科洛要约收购西尔斯公司案”。20 世纪 60 年代美国出现要约收购。现在要约收购已经成为各国取得上市公司控制权的主要方式，并因此受到立法的规范。

协议收购是指收购人私下与目标公司的股东达成协议，收购该公司股份，包括已在证券交易所挂牌交易的股票和尚未上市流通的股票。在英美法系，美国、英国、澳大利亚等少数国家允许协议收购。而在大陆法系，法国、德国、日本由于股权集中等原因，要约收购比较少见，上市公司控制权一般通过协议收购转移。我国《证券法》以强制要约为原则，但某些情形可以申请豁免要约，而采用协议收购等方式。实践中，在 2005 年股权分置改革前，即上市公司发行在外的股份分为流通股和非流通股之时，证券市场中非流通股多于流通股的情形下，协议收购便于对非流通股的收购，促进资产重组，优化资源配置。

因此，收购人往往通过协议收购同样具有表决权但处于控股地位且成本较低的非流通股。

但在 2005 年股权分置改革后，即将非流通股转换为流通股之后，上市公司股票全部能在证券交易所交易，股票价格差异消失，因此要约收购有所增多。

其他收购是指通过公开市场收购、大宗交易、赠予、继承、行政划拨、法院裁决等方式使股份发生变动。其中，公开市场收购是指收购方私下通过证券交易所利用集中竞价收购目标公司的股份。依《上市公司收购管理办法》第八十六条规定，投资者因行政划转、执行法院裁决、继承、赠予等方式取得上市公司控制权的，应当按照该办法第四章（协议收购）的规定履行报告、公告义务。

3. 自愿收购与强制收购

强制收购是指收购人持有目标公司的股份达到一定比例时，法律强制收购人向目标公司股东发出收购要约。自愿收购是收购人自主自愿进行的收购。

4. 部分收购与全面收购

全面收购是指收购目标公司发行在外的全部股份。上市公司收购完成后，目标公司可以继续存在，也可不存续。如果不存续，则收购演变为公司合并或广义上的企业兼并。

部分收购是指只收购目标公司发行在外一定数量或比例的股份。部分收购可以节约或降低收购成本，使收购人以有限的支出投资一个以上的行业，可使收购人在收购中逐步了解潜在的被收购人，还可以减少收购人在目标公司中的势力。但是，部分收购时，由于个别受要约人无法知道其他人是否会接受要约，为避免不利结果，自己只得接受要约。而且，通过部分收购控制目标公司后，收购人可能滥用其控制地位损害没有接受要约的股东的利益。美国、英国、澳大利亚、法国等承认部分收购。同时，法律规定部分要约购买的股份必须占目标公司股本总额的一定比例以上，而且，当受要约人承诺出售的股份数额超过要约人拟购买的股份数额时，要约人应当按比例接受要约人的股份。中国《证券法》第八十八条认可部分收购，但收购上市公

司部分股份的收购要约应当约定，目标公司股东承诺出售的股份数额超过预定收购的股份数额的，收购人按比例进行收购。《上市公司收购管理办法》对部分收购做了细化规定。

（二）商业分类

1. 善意收购与恶意收购

善意收购是指符合目标公司股东或管理层利益的收购。善意收购不一定获得目标公司管理层的合作。

恶意收购是指违背目标公司股东或管理层利益的收购。恶意收购不见得一定会遭遇目标公司管理层的对抗。

2. 友好收购与敌意收购

友好收购是指收购人在得到目标公司管理层合作的情况下实施的收购。协议收购往往是友好收购。由于我国上市公司的股权比较集中，绝大多数上市公司都存在控股股东，收购人通常必须和控股股东合作，因此收购只能是友好收购。

敌意收购是指在目标公司管理层不知情甚至反对的情况下，收购人对目标公司强行收购。敌意收购中，目标公司管理层通常采取反收购措施阻挠收购。要约收购一般表现为敌意收购。

三、上市公司收购的利弊

上市公司收购有其积极意义：宏观上，公司收购有利于加速资本积聚，促进规模经济的形成，同时对于优化资源配置、改善产业结构具有重要意义；微观上，通过收购，可以突破新行业在资金、技术、信息等方面的“进入壁垒”。通过收购，收购人和目标公司可在财务和运营方面实现整合，产生协同效应。公司收购还可从外部对公司管理层进行约束和惩戒，增强企业活力，维护中小股东利益。公司的管理效率与该公司股票的市场价格之间存在高度的正相关关系。公司管理效率低下，股价走低，往往成为收购的目标。收购成功以后，目标公司管理层可能被更换或受到惩戒，而更具经营才能的新管理层则可通过其有效的管理使公司股价上升。对于从未成为收购目标的公司，潜在的收购也会使其管理层尽其所能提高公司的经营业绩，从而提升公司股价。这些都会使股东受益。就我国而言，上市公司收购还有利于吸收外国直接投资，拓展利用外资渠道。

然而，上市公司收购也有消极影响，主要有以下几方面。

其一，收购的结果可能是控制市场，减少竞争，形成垄断，损害公共利益。

其二，作为公司外部监督机制，公司收购成本极高。现实中，管理层为了收购别的企业，常常不将公司闲置资金分配给股东，导致很高的代理成本。更严重者，收购一家公司，收购者必须筹措庞大的资金，甚至大量举债。目标公司为了阻止收购也会动用大量资金，甚或增加债务。其结果必将损害股东利益。

其三，公司管理层发起收购并不一定是为了提高目标公司的经营效率，可能是为了扩大公司规模，进而管理层提供更高的经营报酬、在职消费、自我成就，更强的抵御收购的能力。类似地，收购者还可能是为了将购得的公司转手出售，谋取超额利润。

其四，收购的威胁常常迫使公司的管理层将主要精力和公司财力放在保护自己免遭收购上，而妨碍公司促进研发、改进管理和开拓市场。

其五，上市公司收购还可能导致欺诈、内幕交易，并产生对目标股东的逼迫和掠夺，不利于证券市场的健康、稳定发展。

任务二 直接收购

经典实例 

甲公司为在上海证券交易所上市的公司，乙公司、丙公司为A所控制的两家非上市公司。2009年1月5日前，乙公司、丙公司分别在交易所购入甲公司已发行股份的3%，均价为每股5.1元。1月7日，乙公司再购入甲公司发行股份的2%。1月9日，乙公司编制权益变动报告书，向中国证监会、证券交易所提交书面报告，通知甲公司并公告其已购入甲公司发行股份的5%。1月8日~9日，乙公司仍不断购入甲公司股份。截至1月9日，乙公司直接持有甲公司的股份已达8%，均价为每股7元，而丙公司在1月7日~9日，卖出了其直接持有的甲公司的全部股份，获利1亿元。

1月30日，A与甲公司的大股东B达成协议，由乙公司受让B持有的甲公司35%的股份。乙公司向中国证监会申请豁免要约收购未果后，经中国证监会许可，与3月13日公告发出收购甲公司所有股份的要约。要约收购报告书披露：该要约有效期为30天；要约价格为每股7元，该价格高于乙公司发出要约提示性公告日期30个交易日甲公司股票的每日加权平均价格的算术平均值；为鼓励股东尽快接受要约，凡在4月1日前接受要约的股东将获得每股8元的优惠收购价。

从上海证券交易所公布的要约收购数据来看，截至4月7日，共计有持有甲公司已发行股份50%的股东接受了要约，该股份被冻结保管。4月8日，已经接受要约的持有甲公司已发行的股份5%的C委托证券公司办理撤回预受要约手续。至要约期限届满，有持有共计甲公司已发行股份45%的股东接受了乙公司发出的收购要约。

乙公司收购甲公司的股份后，甲公司的股权分布不符合上市要求，甲公司于5月20日被上海证券交易所宣布终止上市。6月3日，C要求乙公司以要约价格购买其持有的甲公司5%股份。

D为乙公司董事，在1月8日以自己的账户买入甲公司股份100万股，均价为每股5.4元。后以每股8元的价格接受了乙公司的要约，扣除有关税费后获利254万元。

E持有甲公司股票1万股，其未接受乙公司的要约。5月21日，E向甲公司董事会提出书面请求：①应当将丙公司买卖甲公司股票的1亿元收益收归公司所有；②应当将D买卖甲公司股票获利的254万元收归公司所有。

要求：根据上述内容，分别回答下列问题。

（1）2009年1月5日前，乙、丙两公司分别购入甲公司3%股票的行为，是否需要公告？并说明理由。

（2）从1月8日至1月9日，乙公司购入甲公司3%股份的行为是否合法？并说明理由。

（3）乙公司拟购甲公司35%股份时，是否需要发出全面要约收购？并说明理由。

（4）乙公司发出的要约收购报告书披露的内容是否有违法之处？并说明理由。

（5）C是否有权撤回预受要约？并说明理由。

（6）在甲公司终止上市后，C是否有权要求乙公司以要约价格购买其股份？并说明理由。

（7）D买卖甲公司股票的行为是否合法？并说明理由。

（8）E请求甲公司董事会收回丙公司股票买卖收益1亿元的要求是否成立？并说明理由。

（9）E请求乙公司董事会收回D股票买卖收益254万元的要求是否成立？并说明理由。

一、持股尚未达到百分之三十之前的一般收购

一般收购是指投资者持有或者通过协议、其他安排与他人共同持有一个上市公司已发行的股份达到或超过百分之五，而尚未达到百分之三十，在此区间以要约、协议等方式买卖该公司股份的行为。

《证券法》规定了一般收购的规则，其重点在于信息披露。《上市公司收购管理办法》和《公开发行证券的公司信息披露内容与格式准则第15号——权益变动报告书》对此做了进一步

的细化规定，并且涉及持股目的的披露等。

（一）权益公开

《证券法》第八十六条第一款规定："通过证券交易所的证券交易，投资者持有或者通过协议、其他安排与他人共同持有一个上市公司已发行的股份达到百分之五时，应当在该事实发生之日起三日内，向国务院证券监督管理机构、证券交易所做出书面报告，通知该上市公司，并予公告；在上述期限内，不得再行买卖该上市公司的股票。"《上市公司收购管理办法》第十三条第一款规定："通过证券交易所的证券交易，投资者及其一致行动人拥有权益的股份达到一个上市公司已发行股份的百分之五时，应当在该事实发生之日起三日内编制权益变动报告书，向中国证监会、证券交易所提交书面报告，抄报该上市公司所在地的中国证监会派出机构，通知该上市公司，并予公告；在上述期限内，不得再行买卖该上市公司的股票。"

《证券法》第九十四条第二款和第三款规定："以协议方式收购上市公司时，达成协议后，收购人必须在3日内将该收购协议向国务院证券监督管理机构及证券交易所做出书面报告，并予公告。在公告前不得履行收购协议。"

《上市公司收购管理办法》第十四条第一款规定："通过协议转让方式，投资者及其一致行动人在一个上市公司中拥有权益的股份拟达到或者超过一个上市公司已发行股份的百分之五时，应当在该事实发生之日起3日内编制权益变动报告书，向中国证监会、证券交易所提交书面报告，抄报派出机构，通知该上市公司，并予公告。"

《上市公司收购管理办法》第十五条规定："投资者及其一致行动人通过行政划转或者变更、执行法院裁定、继承、赠予等方式拥有权益的股份变动达到一个上市公司已发行股份的百分之五的，应当按照规定履行报告、公告义务。"

根据上述规定，一般收购始于投资者持有上市公司已发行股份达到百分之五，止于持股达百分之三十。一旦投资者持有上市公司已发行股份达到百分之五，就要履行持股信息公开义务，而且其持股每增加或者减少百分之五，就要履行持股变动信息公开义务。这种信息公开体现了《证券法》的公开原则。大量持股往往是公司收购的前兆，而信息披露可以引起投资大众足够的警觉，从而依据该信息做出投资决策。

另外，《上市公司收购管理办法》第十六条规定："投资者及其一致行动人不是上市公司的第一大股东或者实际控制人，其拥有权益的股份达到或者超过该公司已发行股份的百分之五，但未达到百分之二十的，应当编制简式权益变动报告书。"第十七条规定："投资者及其一致行动人拥有权益的股份达到或者超过一个上市公司已发行股份的百分之二十但未超过百分之三十的，应当编制详式权益变动报告书。"

（二）慢走规则

《证券法》第八十六条第二款规定："投资者持有或者通过协议、其他安排与他人共同持有一个上市公司已发行的股份达到百分之五后，其所持该上市公司已发行的股份比例每增加或者减少百分之五，应当依照前述规定进行报告和公告。在报告期限内和做出报告、公告后二日内，不得再行买卖该上市公司的股票。"《上市公司收购管理办法》第十三条第二款规定："投资者及其一致行动人拥有权益的股份达到一个上市公司已发行股份的百分之五后，通过证券交易所的证券交易，其拥有权益的股份占该上市公司已发行股份的比例每增加或者减少百分之五，应当依照前述规定进行报告和公告。在报告期限内和做出报告、公告后二日内，不得再行买卖该上市公司的股票。"

《上市公司收购管理办法》第十四条第二款规定："投资者及其一致行动人拥有权益的股份达到一个上市公司已发行股份的百分之五后，其拥有权益的股份占该上市公司已发行股份的比例每增加或者减少达到或者超过百分之五的，应当依照前述规定履行报告、公告义务。"

根据上述规定，一旦投资者持有上市公司已发行股份达到百分之五，在该事实发生之日起三日内不得再行买卖该种股票。而且其持股每增加或者减少百分之五，在该事实发生之日起三日内以及做出报告、公告后二日内不得再行买卖该种股票。此即所谓慢走规则。其核心在于控制投资者大量买卖所持股票的节奏，防止其滥用特殊地位和优势操纵证券市场。

（三）报告和公告的内容

关于报告和公告的内容，《证券法》第八十七条规定，依照《证券法》第八十六条规定所做的书面报告和公告，应当包括下列内容：①持股人的名称、住所；②持有的股票的名称、数额；③持股达到法定比例或者持股增减变化达到法定比例的日期。

《证券法》的规定没有要求披露持股意图。这与美国、日本等国要求披露持股意图的做法不同。事实上，持股意图是目标公司股东做出是否向收购人出售股份决策的重要依据。为此，《上市公司收购管理办法》第十六条和第十七条规定：权益变动报告书除了其他信息，还应包含持股目的，即是否有意在未来十二个月内继续增加其在上市公司中拥有的权益。

二、继续收购

继续收购是指已持有上市公司上市股票百分之三十的投资者继续收购该公司股票的行为。不论要约收购还是协议收购，在持股少于百分之五时，如果一次性要约收购超过百分之三十，对于超过百分之三十的部分，《证券法》上述一般收购规则将不适用，而应直接适用《证券法》关于继续收购的规则。如是协议收购，对于超过百分之三十的部分，也应适用继续收购规则。

《证券法》第八十八条规定："通过证券交易所的证券交易，投资者持有或者通过协议、其他安排与他人共同持有一个上市公司已发行的股份达到百分之三十时，继续进行收购的，应当依法向该上市公司所有股东发出收购上市公司全部或者部分股份的要约。"第九十六条规定："采取协议收购方式的，收购人收购或者通过协议、其他安排与他人共同收购一个上市公司已发行的股份达到百分之三十时，继续进行收购的，应当向该上市公司所有股东发出收购上市公司全部或者部分股份的要约。"但是，经国务院证券监督管理机构免除发出要约的除外。

继续收购的起点是持有一个上市公司已发行的股份达到百分之三十时。继续收购原则上采用要约收购，但被豁免发出要约的，仍可采用协议方式，或者集中竞价、大宗交易、赠予、继承、行政划拨、司法裁判等方式。

继续收购应当进行权益公开，但不再受类似慢走规则的约束。收购行为完成后，收购人应当在十五日内将收购情况报告国务院证券监督管理机构和证券交易所，并予公告。

收购期限届满，其余仍持有目标公司股票的股东，有权向收购人以收购要约的同等条件出售其股票，收购人应当收购。《证券法》这一规定为中小股东提供了退出机制，使其免受控股股东的侵害，但它没有规定期限。《上市公司收购管理办法》则增加了期限限制，其第四十四条规定："收购期限届满，被收购公司股权分布不符合上市条件，该上市公司的股票由证券交易所依法终止上市交易。在收购行为完成前，其余仍持有被收购公司股票的股东，有权在收购报告书规定的合理期限内向收购人以收购要约的同等条件出售其股票，收购人应当收购。"

收购结束，目标公司的上市资格通常不受影响，因为收购人是为了取得对目标公司的控制权，而不是为了取消其上市资格。但是，收购期限届满，目标公司股权分布不符合上市条件的，该上市公司的股票应当由证券交易所依法终止上市交易。

收购行为完成后，目标公司不再具备股份有限公司条件的，应当依法变更企业形式。收购行为完成后，收购人与目标公司合并，并将该公司解散的，被解散公司的原有股票由收购人依法更换。这里明确规定只能换股，而不得支付现金。

即使目标公司作为上市公司继续存在，收购人取得对目标公司的控制权后，也可借以进行其他产权性交易，或者变更公司的组织及管理结构。

按《证券法》第九十八条的规定，在上市公司收购中，收购人持有的被收购的上市公司的股票，在收购行为完成后的十二个月内不得转让。另依《上市公司收购管理办法》第七十四条的规定，在上市公司收购中，收购人持有的目标公司的股份，在收购完成后十二个月内不得转让。收购人在目标公司中拥有权益的股份在同一实际控制人控制的不同主体之间进行转让不受前述十二个月的限制，但应当遵守该办法第六章的规定。

有的国家和地区规定了收购失败制度。收购失败是指收购人实际收购股份数量低于收购要约或者法律规定的股份数量，收购计划未能实现。收购失败后，承诺人有权撤销承诺，并要求收购人退还股份。同时，禁止收购人在一定时间内再次发起收购。中国1993年《股票发行与交易管理暂行条例》规定:“收购要约期满，收购要约人持有的普通股未达到该公司发行在外的普通股总数的百分之五十的，为收购失败。”但现行《证券法》和《上市公司收购管理办法》没有收购失败的规定。

三、要约收购

经典实例

2003年3月12日，南钢集团公司（南钢股份公司的股东）与复星集团公司、复星产业投资有限公司和上海广信科技发展有限公司联合组建南京钢铁联合有限公司（以下简称南钢联合公司）。其《合资经营合同》约定：南钢联合公司注册资本为27.5亿元。其中，南钢集团公司以其持有的南钢股份公司的国有股35760万股（占总股本的70.95%）及其他部分资产、负债合计11亿元出资，占注册资本的40%；复星集团公司以现金8.25亿元出资，占南钢联合公司注册资本的30%；复星产业投资有限公司以现金5.5亿元出资，占南钢联合公司注册资本的20%；上海广信科技发展有限公司以现金2.75亿元出资，占南钢联合公司注册资本的10%。

由于南钢集团公司以所持南钢股份公司的股权出资尚须取得财政部、中国证监会等有关部门的批准，合资各方在《合资经营合同》中约定对南钢联合公司采取“先设立，后增资”的方案：即先行按前述出资比例设立注册资本为人民币10亿元的南钢联合公司，其中南钢集团公司以需取得财政部、证监会等有关部门批准公司方可投入的资产以外的其他经营性资产合计净值人民币4亿元出资，而复星集团公司等另三方仍以现金出资；待南钢联合公司成立且有关各方履行完相关审批手续后，再行由合营各方对南钢联合公司进行同比例增资，使南钢联合公司的注册资本达到27.5亿元。其中，南钢集团公司以其持有的南钢股份公司的国有股权及其他经营性资产（包括负债）出资，复星集团公司、复星产业投资有限公司、上海广信科技发展有限公司仍按前述出资比例以现金出资。

2003年3月27日，财政部批准了南钢集团公司以其持有的南钢股份公司的股份出资南钢联合公司。这相当于南钢联合公司收购了南钢股份公司的股份，构成了上市公司收购行为，且收购的股份超过南钢股份公司已发行总股本的30%，触发了要约收购义务。根据《上市公司收购管理办法》中要约收购义务豁免的申请条件，南钢联合公司此次要约收购不符合此条件，所以南钢联合公司应根据有关规定履行要约收购义务，向南钢股份公司法人股和流通股股东发出全面收购要约。2003年6月17日，南钢股份公司签署公告《南钢股份要约收购至全体股东报告书》。

【提示】这是中国证券市场第一例要约收购。按照1998年《证券法》第八十一条规定，通过证券交易所的证券交易，投资者持有一个上市公司已发行的股份的30%时，继续进行收购的，应当依法向该上市公司所有股东发出收购要约。但经国务院证券监督管理机构免除发出要约的除外。依据2002年《上市公司收购管理办法》第二十三条规定，收购人持有、控制一个上市公司的股份达到该公司已发行股份的百分之三十时，应当在该事实发生的次日向中国证监会报送上市公司收购报告书，同时抄报上市公司所在地的中国证监会派出机构，抄送证券交易所，通知被收购公司，并做出公告。未按照本办法的规定履行报告、公告义务的，收购人不得继续增持股份或者增加控制。前款收购人继续增持股份或者增加控制的，应当以要约收购方式向该公司的所有股东发出收购其所持有的全部股份的要约；符合本办法第四章规定的，可以向中国证监会申请豁免。2006年《上市公司收购管理办法》第二十四条和现行《证券法》第八十八条延续了上述做法。

要约收购是指收购人向被收购的公司发出收购的公告，待被收购上市公司确认后，方可实行收购行为。收购人持有上市公司一定比例以上股份时，要继续收购的部分，应当公开向目标公司全体股东发出收购要约。

（一）提交上市公司收购报告书

《证券法》第八十九条规定：依照该法第八十八条规定发出收购要约，收购人必须事先向国务院证券监督管理机构报送上市公司收购报告书，并载明下列事项。

（1）收购人的名称、住所。

（2）收购人关于收购的决定。

（3）被收购的上市公司名称。

（4）收购目的。

（5）收购股份的详细名称和预定收购的股份数额。

（6）收购期限、收购价格。

（7）收购所需资金额及资金保证。

（8）报送上市公司收购报告书时持有目标公司股份数占该公司已发行的股份，总数的比例。收购人还应当将上市公司收购报告书同时提交证券交易所。

《上市公司收购管理办法》要求披露收购人关于收购的决定及收购目的，以及是否拟在未来12个月内继续增持等信息。另外，《公开发行证券的公司信息披露内容与格式准则第16号——上市公司收购报告书》还要求收购人披露其财务信息。

（二）公告收购要约

《证券法》第九十条规定："收购人在依照该法第八十九条规定报送上市公司收购报告书之日起十五日后，公告其收购要约。在上述期限内，国务院证券监督管理机构发现上市公司收购报告书不符合法律、行政法规规定的，应当及时告知收购人，收购人不得公告其收购要约。"从上述规定看，收购要约的发出并不以证券监管机构的审批为前提，这有利于提高收购的效率。要约可以直接面向目标公司股东，有利于避免内幕交易，也可以发挥敌意收购的作用。

收购要约约定的收购期限不得少于三十日，并不得超过六十日。但是出现竞争要约的除外。要约自公告之日起生效，生效之日即收购期限开始之日。合理的收购期限使得目标公司股东、其他潜在的要约人不至于仓促决定接受要约或者发出竞争性要约。

收购人以要约方式收购一个上市公司股份的，其预定收购的股份比例均不得低于该上市公司已发行股份的百分之五。

《证券法》没有规定要约的价格，但《上市公司收购管理办法》第三十五条规定："收购人按照规定进行要约收购的，对同一种类股票的要约价格，不得低于要约收购提示性公告日前六个月内收购人取得该种股票所支付的最高价格。要约价格低于提示性公告日前三十个交易日该种股票的每日加权平均价格的算术平均值的，收购人聘请的财务顾问应当就该种股票前六个月的交易情况进行分析，说明是否存在股价被操纵、收购人是否有未披露的一致行动人、收购人前六个月取得公司股份是否存在其他支付安排、要约价格的合理性等。”该规定原则上将价格交由市场决定，维护了国家股、法人股等非流通股持有人的利益，但为保护中小股东利益，又在一定程度上吸收了价格法定主义。

《证券法》第九十二条规定：“收购要约提出的各项收购条件，适用于目标公司的所有股东。”“所有股东”包括持有上市股票的股东和持有非上市股票的股东。

《证券法》第九十三条规定：“采取要约收购方式的，收购人在收购期限内，不得卖出目标公司的股票，也不得采取要约规定以外的形式和超出要约的条件买入目标公司的股票。”

（三）重大变化报告与公告

按《上市公司收购管理办法》第四十一条规定：“要约收购报告书所披露的基本事实发生重大变化的，收购人应当在该重大变化发生之日起二个工作日内，向中国证监会做出书面报告，同时抄报派出机构，抄送证券交易所，通知目标公司，并予公告。”

（四）要约的撤回、变更与撤销

要约到达受要约人之前，可以撤回。《上市公司收购管理办法》第三十一条规定：“收购人向中国证监会报送要约收购报告书后，在公告要约收购报告书之前，拟自行取消收购计划的，应当向中国证监会提出取消收购计划的申请及原因说明，并予公告；自公告之日起十二个月内，该收购人不得再次对同一上市公司进行收购。”

收购要约不得随意变更，但是在出现竞争性要约等情形下，如不允许变更要约，则会使收购人处于不利的地位。为此，证券法律一般允许变更要约，同时在时间、内容和程序等方面对变更做出严格限制。从内容限制看，收购人只能提高收购价格、增加收购数量、延长收购期限。这既可满足收购人的竞争需要，又可避免收购人借以撤销要约，扰乱证券市场。依照《证券法》规定，收购人需要变更收购要约的，必须事先向国务院证券监督管理机构及证券交易所提出报告，经批准后，予以公告。按《上市公司收购管理办法》第四十条规定，收购要约期限届满前十五日内，收购人不得变更收购要约，但是出现竞争性要约的除外。出现竞争性要约时，发出初始要约的收购人变更收购要约距初始要约收购期限届满不足十五日的，应当延长收购期限，延长后的要约期应当不少于十五日，不得超过最后一个竞争性要约的期满日，并按规定比例追加履约保证金；以证券支付收购价款的，应当追加相应数量的证券，交由证券登记结算机构保管。发出竞争性要约的收购人最迟不得晚于初始要约收购期限届满前十五日发出要约收购的提示性公告，并应当根据《上市公司收购管理办法》第二十八条和第二十九条的规定履行报告、公告义务。

《证券法》第九十一条规定：“在收购要约确定的承诺期限内，收购人不得撤销其收购要约。”《证券法》的规定有利于维护证券市场秩序，保护中小投资者利益，但过于严格，稍欠灵活。如果收购竞争者已发出新的更优越的要约、目标公司的控股权在要约期间已被竞争者获得，或者经目标公司股东会认可的阻挠行动已使要约收购的成功显然不能，应当允许收购人撤销要约。实际上，各个国家和地区一般都规定：如有特殊情况，经主管机关同意，收购人可以撤销要约。

（五）目标公司董事会提交并公告报告书

目标公司管理层的态度和行动是公司股东的重要参考，但是，中国《证券法》没有规定目标公司董事会披露其意见及理由的义务，这不利于目标公司股东做出投资决策。不过，按《上市公司收购管理办法》第三十二条规定，目标公司董事会应当对收购人的主体资格、资信情况及收购意图进行调查，对要约条件进行分析，对股东是否接受要约提出建议，并聘请独立财务顾问提出专业意见。在收购人公告要约收购报告书后二十日内，目标公司董事会应当将目标公司董事会报告书与独立财务顾问的专业意见报送中国证监会，同时抄报派出机构，抄送证券交易所，并予公告。收购人对收购要约条件做出重大变更的，目标公司董事会应当在三个工作日内提交董事会及独立财务顾问就要约条件的变更情况所出具的补充意见，并予以报告、公告。中国证监会《公开发行证券的公司信息披露内容与格式准则第 18 号——被收购公司董事会报告书》就此做了专门规定。

（六）要约的预受

预受，是指目标公司股东同意接受要约的初步意思表示，它在要约收购期限内不可撤回之前不构成承诺。在要约收购期限届满三个交易日前，预受股东可以委托证券公司办理撤回预受要约的手续。但在要约收购期限届满前三个交易日内，预受股东不得撤回其对要约的接受。同意接受收购要约的股东，应当委托证券公司办理预受要约的相关手续。收购人应当委托证券公司向证券登记结算机构申请办理预受要约股票的临时保管。证券登记结算机构临时保管的预受要约的股票，在要约收购期间不得转让。出现竞争性要约时，接受初始要约的预受股东撤回全部或者部分预受的股份，并将撤回的股份售予竞争要约人的，应当委托证券公司办理撤回预受初始要约的手续和预受竞争性要约的相关手续。中国的预受制度与别国的承诺制度有所不同。

（七）预受的披露

按《上市公司收购管理办法》规定，在要约收购期限内，收购人应当每日在证券交易所网站上公告已预受收购要约的股份数量。

（八）受要约人承诺与转让股票

收购人以现金支付收购价款的，应当在做出要约收购提示性公告的同时，将不少于收购价款总额的百分之二十作为履约保证金存入证券登记结算机构指定的银行。

收购期限届满，发出部分要约的收购人应当按照收购要约约定的条件购买目标公司股东预受的股份，预受要约股份的数量超过预定收购数量时，收购人应当按照同等比例收购预受要约的股份。以终止目标公司上市地位为目的的，收购人应当按照收购要约约定的条件购买目标公司股东预受的全部股份；未取得中国证监会豁免而发出全面要约的收购人应当购买目标公司股东预受的全部股份。

收购要约期满后三个工作日内，接受委托的证券公司应当向证券登记结算机构申请办理股份转让结算和过户登记。

四、协议收购

协议收购，又称不公开收购，是指在证券交易所之外，收购人与上市公司特定股东一对一个别协商确定收购数量、价格及其他交易条件，签订、履行股份转让协议，购买其所持股份。协议收购的同时，可以通过公开要约以外的方式买卖目标公司股票。

由于协议收购在信息公开、机会平等、交易公正方面存在很大局限，不能有效地保护广大投资者，因而需要进行监管。例如，按照美国判例，协议收购人如果以某种方式公开了其收购意图，则须依法向目标公司全体股东发出公开收购要约，以保护协议收购对象之外其他股东的利益。英国法规定要约收购期间不得进行协议收购。澳大利亚虽然许可在要约收购期间进行协议收购，但协议收购的价格不得高于要约收购。在中国，协议收购除要遵守协议成立、信息公开等规则外，办理登记、过户需要经过证券交易所确认，尽管协议收购不是在证券交易所场内集中竞价，而是在场外私下协商进行。

（一）成立协议

采取协议收购方式的，收购人可以依照法律、行政法规的规定同目标公司的股东以协议方式进行股份转让。收购协议的签订规则与一般合同的订立无异。

（二）豁免要约

依据《上市公司收购管理办法》规定，豁免是指特定情形下，收购人免于以要约收购方式增持股份或者免于向目标公司的所有股东发出收购要约。

依《证券法》第九十六条规定，只有以协议收购方式已取得目标公司百分之三十股份而继续收购的情形才发生豁免申请。《上市公司收购管理办法》补充规定："收购人拟通过协议方式收购一个上市公司的股份超过百分之三十的，对超过百分之三十的部分，可以申请豁免要约。"

按照《上市公司收购管理办法》第六十二条规定，有下列情形之一的，收购人可以向中国证监会提出免于以要约方式增持股份的申请：

（1）收购人与出让人能够证明本次转让未导致上市公司的实际控制人发生变化；

（2）上市公司面临严重财务困难，收购人提出的挽救公司的重组方案取得该公司股东大会批准，且收购人承诺三年内不转让其在该公司中所拥有的权益；

（3）经上市公司股东大会非关联股东批准，收购人取得上市公司向其发行的新股，导致其在该公司拥有权益的股份超过该公司已发行股份的百分之三十，收购人承诺三年内不转让其拥有权益的股份，且公司股东大会同意收购人免于发出要约；

（4）中国证监会为适应证券市场发展变化和保护投资者合法权益的需要而认定的其他情形。收购人报送的豁免申请文件符合规定，并且已经按照该办法的规定履行报告、公告义务的，中国证监会予以受理；不符合规定或者未履行报告、公告义务的，中国证监会不予受理。中国证监会在受理豁免申请后二十个工作日内，就收购人所申请的具体事项做出是否予以豁免的决定；取得豁免的，收购人可以继续增持股份。

按照《上市公司收购管理办法》第六十三条规定，有下列情形之一的，当事人可以向中国证监会申请以简易程序免除发出要约。

（1）经政府或者国有资产管理部门批准进行国有资产无偿划转、变更、合并，导致投资者在一个上市公司中拥有权益的股份占该公司已发行股份的比例超过百分之三十。

（2）在一个上市公司中拥有权益的股份达到或者超过该公司已发行股份的百分之三十的，自上述事实发生之日起一年后，每十二个月内增加其在该公司中拥有权益的股份不超过该公司已发行股份的百分之二。

（3）在一个上市公司中拥有权益的股份达到或者超过该公司已发行股份的百分之五十的，继续增加其在该公司拥有的权益不影响该公司的上市地位。

（4）因上市公司按照股东大会批准的确定价格向特定股东回购股份而减少股本，导致当事人在该公司中拥有权益的股份超过该公司已发行股份的百分之三十。

（5）证券公司、银行等金融机构在其经营范围内依法从事承销、贷款等业务导致其持有一个上市公司已发行股份超过百分之三十，没有实际控制该公司的行为或者意图，并且提出在合理期限内向非关联方转让相关股份的解决方案。

（6）因继承导致在一个上市公司中拥有权益的股份超过该公司已发行股份的百分之三十。

（7）中国证监会为适应证券市场发展变化和保护投资者合法权益的需要而认定的其他情形。根据前述第（1）项和第（3）~（7）项规定提出豁免申请的，中国证监会自收到符合规定的申请文件之日起十个工作日内未提出异议的，相关投资者可以向证券交易所和证券登记结算机构申请办理股份转让和过户登记手续；根据前述第（2）项规定，相关投资者在增持行为完成后三日内应当就股份增持情况做出公告，并向中国证监会提出豁免申请，中国证监会自收到符合规定的申请文件之日起十个工作日内做出是否予以豁免的决定。中国证监会不同意其以简易程序申请的，相关投资者应当按照本办法第六十二条的规定提出申请。

按《上市公司收购管理办法》规定，未取得豁免的，投资者及其一致行动人应当在收到中国证监会通知之日起三十日内将其或者其控制的股东所持有的被收购公司股份减持到百分之三十或者百分之三十以下；拟以要约以外的方式继续增持股份的，应当发出全面要约。

（三）报告与公告收购协议

《证券法》第九十四条第二款规定："以协议方式收购上市公司时，达成协议后，收购人必须在三日内将该收购协议向国务院证券监督管理机构及证券交易所做出书面报告，并予公告。"

依《上市公司收购管理办法》第四十八条规定，收购人自取得中国证监会的豁免之日起三日内公告其收购报告书、财务顾问专业意见和律师出具的法律意见书。中国证监会发现收购报告书不符合法律、行政法规及相关规定的，应当及时告知收购人，收购人未纠正的，不得公告收购报告书。

（四）履行协议

采取协议收购方式的，协议双方可以临时委托证券登记结算机构保管协议转让的股票，并将资金存放于指定的银行。

《证券法》规定：在公告前不得履行收购协议。反面观之，公开收购协议之后，即可履行收购协议。收购报告书公告后，相关当事人应当按照证券交易所和证券登记结算机构的业务规则，在证券交易所就本次股份转让予以确认后，凭全部转让款项存放于双方认可的银行账户的证明，向证券登记结算机构申请解除拟协议转让股票的临时保管，并办理过户登记手续。

（五）过渡期

以协议方式进行上市公司收购的，自签订收购协议起至相关股份完成过户的期间为上市公司收购过渡期。在过渡期内，收购人不得通过控股股东提议改选上市公司董事会，确有充分理由改选董事会的，来自收购人的董事不得超过董事会成员的三分之一；目标公司不得为收购人及其关联方提供担保；目标公司不得公开发行股份募集资金，不得进行重大购买、出售资产及重大投资行为或者与收购人及其关联方进行其他关联交易，但收购人为挽救陷入危机或者面临严重财务困难的上市公司的情形除外。

（六）出让股份的控股股东的义务

上市公司控股股东向收购人协议转让其所持有的上市公司股份的，应当对收购人的主体资格、诚信情况及收购意图进行调查，并在其权益变动报告书中披露有关调查情况。

控股股东及其关联方未清偿其对公司的负债，未解除公司为其负债提供的担保，或者存在损害公司利益的其他情形的，被收购公司董事会应当对前述情形及时予以披露，并采取有效措施维护公司利益。

（七）管理层收购

管理层收购可以激励公司管理层，减少监督成本，但也可能导致管理层违背对于股东的信义义务，损害股东利益。为此，《上市公司收购管理办法》关于协议收购的规定对其作了规范。为进一步推进国有企业改革，规范企业国有产权转让，保障国有产权有序流转，国务院国有资产监督管理委员会、财政部于2005年发布了《企业国有产权向管理层转让暂行规定》。

《上市公司收购管理办法》规定："上市公司董事、监事、高级管理人员、员工或者其所控制或者委托的法人或者其他组织，拟对本公司进行收购或者通过该办法规定的间接收购方式取得本公司控制权的，该上市公司应当具备健全且运行良好的组织机构以及有效的内部控制制度，公司董事会成员中独立董事的比例应当达到或者超过二分之一。公司应当聘请具有证券、期货从业资格的资产评估机构提供公司资产评估报告，本次收购应当经董事会非关联董事做出决议，且取得三分之二以上的独立董事同意后，提交公司股东大会审议，经出席股东大会的非关联股东所持表决权过半数通过。独立董事发表意见前，应当聘请独立财务顾问就本次收购出具专业意见，独立董事及独立财务顾问的意见应当一并予以公告。上市公司董事、监事、高级管理人员存在《公司法》第一百四十九条规定情形，或者最近三年有证券市场不良诚信记录的，不得收购本公司。"

经典实例 

甲公司持有乙上市公司30%的股份，现欲继续收购乙公司的股份，遂发出收购要约。甲公司发出的下列收购要约，哪些内容是合法的？

A. 甲公司收购乙公司的股份至51%时即不再收购

B. 甲公司将在45日内完成对乙公司股份的收购

C. 本收购要约所公布的收购条件适用于乙公司的所有股东

D. 在收购要约的有效期限内，甲公司视具体情况可以撤回收购要约

【答案】ABC

【考点】上市公司的收购

【解析】《证券法》第八十三条："收购人在依照前条规定报送上市公司收购报告书之日起十五日后，公告其收购要约。收购要约的期限不得少于三十日，并不得超过六十日。"第八十四条："在收购要约的有效期限内，收购人不得撤回其收购要约。在收购要约的有效期限内，收购人需要变更收购要约中事项的，必须事先向国务院证券监督管理机构及证券交易所提出报告，经获准后，予以公告。"第八十五条："收购要约中提出的各项收购条件，适用于被收购公司所有的股东。"

任务三 间接收购

间接收购，是指通过协议或其他安排获得对目标公司的控制权。对于间接收购，《证券法》没有具体规定，《上市公司收购管理办法》作了补充。

一、相关主体的披露义务

收购人虽不是上市公司的股东，但通过投资关系、协议、其他安排导致其拥有权益的股份达到或者超过一个上市公司已发行股份的百分之五未超过百分之三十时，应当按照《上市公司

收购管理办法》有关权益披露的规定办理。收购人拥有权益的股份超过该公司已发行股份的百分之三十时，应当向该公司所有股东发出全面要约；收购人预计无法在事实发生之日起三十日内发出全面要约的，应当在前述三十日内促使其控制的股东将所持有的上市公司股份减持至百分之三十或者百分之三十以下，并自减持之日起二个工作日内予以公告；其后收购人或者其控制的股东拟继续增持的，应当采取要约方式；拟依据上述管理办法关于豁免的规定申请豁免的，应当按照该管理办法第四十八条的规定办理。

投资者虽不是上市公司的股东，但通过投资关系取得对上市公司股东的控制权，而受其支配的上市公司股东所持股份达到前述规定比例，且对该股东的资产和利润构成重大影响的，应当按照前述规定履行报告、公告义务。

二、违反披露义务的处理

上市公司实际控制人及受其支配的股东，负有配合上市公司真实、准确、完整披露有关实际控制人发生变化的信息的义务；实际控制人及受其支配的股东拒不履行上述配合义务，导致上市公司无法履行法定信息披露义务而承担民事、行政责任的，上市公司有权对其提起诉讼。实际控制人、控股股东指使上市公司及其有关人员不依法履行信息披露义务的，中国证监会依法进行查处。

上市公司实际控制人及受其支配的股东未履行报告、公告义务的，上市公司应当自知悉之日起立即做出报告和公告。上市公司就实际控制人发生变化的情况予以公告后，实际控制人仍未披露的，上市公司董事会应当向实际控制人和受其支配的股东查询，必要时可以聘请财务顾问进行查询，并将查询情况向中国证监会、派出机构和证券交易所报告；中国证监会依法对拒不履行报告、公告义务的实际控制人进行查处。上市公司知悉实际控制人发生较大变化而未能将有关实际控制人的变化情况及时予以报告和公告的，中国证监会责令改正，情节严重的，认定上市公司负有责任的董事为不适当人选。

根据《上市公司收购管理办法》第六十条规定，上市公司实际控制人及受其支配的股东未履行报告、公告义务，拒不履行该办法第五十八条规定的配合义务，或者实际控制人存在不得收购上市公司情形的，上市公司董事会应当拒绝接受受实际控制人支配的股东向董事会提交的提案或者临时议案，并向中国证监会、派出机构和证券交易所报告。中国证监会责令实际控制人改正，可以认定实际控制人通过受其支配的股东所提名的董事为不适当人选；改正前，受实际控制人支配的股东不得行使其持有股份的表决权。上市公司董事会未拒绝接受实际控制人及受其支配的股东所提出的提案的，中国证监会可以认定负有责任的董事为不适当人选。

任务四　反收购

经典实例

1998年7月1日，大港油田集团有限公司及有关企业发布公告，称该集团下属天津炼达集团有限公司与天津大港油田重油公司两家子公司已合并持有上海爱使股份有限公司（以下简称爱使公司）发行在外的普通股的5%，按有关法律规定，予以公告。7月17日，大港油田集团有限公司与相关企业共持有爱使公司发行在外股份的9%。

然而，《爱使股份公司章程》第67条第2款规定，单独或合并持有公司有表决权股份总数10%（不含投票代理权）以上、持有时间半年以上的股东，如要推派代表进入董事会、监事会的，应当在股东大会召开前20日，书面向董事会提出，并提供有关材料。

大港油田集团有限公司认为：根据《公司法》规定，公司股东作为出资人按投入公司的资本额享有所有者的资产收益、重大决策和选择管理者的权利，《爱使股份公司章程》把股东行使董事提名权的持股条件规定为10%缺乏根据，也与《上市公司章程指引》这一指导性文件中所规定的5%相差甚远。但是，为了确保"买壳"成功，大港油田集团有限公司所属三家关联企业进一步增持爱使股份公司的股份。截至1998年7月31，总持股比例达10.0116%，达到了《公司法》所规定的提请召开临时股东大会的持股10%的要求。

当年9月1日大港油田集团有限公司所属三家关联企业将提议召开临时股东大会及重新选举董事会的有关法律文件正式送达爱使股份公司，并抄报了有关管理部门。大港油田集团有限公司认为：《爱使股份公司章程》关于持股期限的规定没有依据，因为《公司法》及相关法律并未对股东行使董事提名权的持股期间要件加以授权性规定。

事件发生后，中国证监会认定爱使股份公司章程的上述规定不规范，并敦促爱使股份公司修改公司章程。爱使股份公司于10月31日召开临时股东大会，通过了修改《爱使股份公司章程》议案、授权董事会全权处置资产重组事宜议案和增补公司董事议案。

【提示】现行《公司法》第四条规定，公司股东依法享有资产收益、参与重大决策和选择管理者等权利。按照该法第三十八条第一款第二项和第一百条规定，股份公司股东大会有权选举和更换非由职工代表担任的董事、监事。这些规定都没有限定股东行使权利时的持股比例。依据《上市公司章程指引》（2006年）第四十三条规定，单独或者合计持有公司百分之十以上股份的股东请求时，公司在事实发生之日起二个月以内召开临时股东大会。这一规定提高了股东持股比例，但是没有要求持股达到一定的时间。

一、概述

反收购，是指目标公司管理层为了防止公司控制权转移而采取的行为，目的在干预或者挫败收购人对本公司的收购。

常见的反收购措施主要有以下几点。

（1）诉诸法律，即根据《证券法》《公司法》《反垄断法》等规定，请求法院认定某一收购不合法。一旦被起诉，收购人就必须暂停继续收购以势。这就为目标公司拟订进一步的反收购方案赢得了宝贵时间。

（2）提高收购人的收贴成本。例如，目标公司授予股东特定的优先权利，比如，以100元购买的优先股可以转为目标公司200元的股票，或者该优先股可被目标公司以每股200元购入。又如，目标公司与其高管签订协议，约定后者在公司控制权发生变更时将获得巨额补偿。

（3）降低目标公司收购价值。比如，就目标公司对收购人最有吸引力的资产，赋予第三方购买权或出售第三方。

（4）提高相关者的持股比例，增加收购难度。例如，采用回购股份方式提高市价；设计绝对的自我控股；推行管理层收购或者员工持股；密切公司之间相互关系。

（5）制定策略性的公司章程，提高改组管理层的难度。例如，在公司章程中规定股东经多数同意条款、股东持股时间限制条款、累积投票条款、董事轮换条款或者董事资格条款。

（6）其他措施。目标公司与特定收购人达成安排，使该收购人较其他收购者具确定优势（寻找"白马王子"）；"贿赂"收购人，使其放弃收购；目标公司针对收购人发收购要约。

反收购措施会使收购人耗费大量成本，甚至使其收购失败。反收购也可能给目标公司及其股东带来损害。在收购者提出的价格合理、收购者又具有更高经营管理水平或更富有管理经验的情况下，收购本身可能有利于目标公司。反击这种收购必定损害目标公司的股东利益。况且，有的反收购措施本身也会严重伤害目标公司。反收购措施应否允许？如果允许的话，如何规制？理论上，对此主要有几种主张。

（1）目标公司管理层不应采取何反收购措施，其任何防卫措施都不受“经营判断原则”保护。

（2）目标公司管理层寻找“白衣骑士”发出竞争要约，使收购产生拍卖的效果，提高收购价格。

（3）目标公司管理层作为公司托管人有权为公司利益采取各种反收购措施，但他们应当证明不是为了维护自身的控制权。

（4）目标公司管理层可以采取反收购措施，除非被证明违反经营判断原则。依反收购所适用的经营判断原则，目标公司董事应当证明收购会威胁公司的经营和效率；反收购措施必须与收购威胁有适当的关系。

二、各国反收购立法

如前所述，公司收购有利有弊。反收购也是如此。目前，各国的法律一般允许目标公司管理层对敌意收购进行反收购，同时对反收购措施以及管理层的行为进行不同程度的规范，确保反收购措施符合目标公司及其股东的最大利益。

在英国，《伦敦城收购与合并守则》以及有关判例均严格限制反收购措施。在收购之前，公司管理层可以为了公司利益而采取反收购措施。收购发生后，不论反收购的目的如何，非经股东大会批准，目标公司的董事不可采取任何反收购措施，但是，管理层可向股东阐述本次收购中公司的利害得失，请求股东拒绝接受要约，也可寻找收购竞争者。

在反收购方面，美国法规定比较宽松。《威廉姆斯法案》将其规范重点放在有关反收购信息的公开，而未规制具体的反收购措施。但是，美国大多数州出于保护本州公司的目的，一般允许公司管理层实施反收购。在判例法上，美国承认董事会进行反收购，同时适用“董事忠实和注意义务规则”和“经营判断规则”限制反收购措施，在一定程度上维护公司和股东利益。

三、中国对反收购的规范

中国的规定考虑了本国实际需要，同时吸收了美国和英国的做法，力求既不压制上市公司收购，又要保护中小股东利益。中国《证券法》对于反收购未作规定，但是，《上市公司收购管理办法》第八条规定：“目标公司的董事、监事、高级管理人员对公司负有忠实义务和勤勉义务，应当公平对待收购本公司的所有收购人。目标公司董事会针对收购所做出的决策及采取的措施，应当有利于维护公司及其股东的利益，不得滥用职权对收购设置不适当的障碍，不得利用公司资源向收购人提供任何形式的财务资助，不得损害公司及其股东的合法权益。”而且，其第三十三条规定：“收购人作出提示性公告后至要约收购完成前，目标公司除继续从事正常的经营活动或者执行股东大会已经作出的决议外，未经股东大会批准，目标公司董事会不得通过处置公司资产、对外投资、调整公司主要业务、担保、贷款等方式，对公司的资产、负债、权益或者经营成果造成重大影响。”

闯关考验

一、选择题

1. 根据上市公司收购法律制度的规定，下列情形中，属于表明投资者获得或拥有上市公司控制权的有（　　）。

A．投资者为上市公司持股 50% 以上的控股股东

B．投资者可实际支配上市公司股份表决权超过30%

C．投资者通过实际支配上市公司股份表决权能够决定公司董事会1/3成员选任

D．投资者依其可实际支配的上市公司股份表决权足以对公司股东大会的决议产生重大影响

2. 根据证券法律制度的规定，下列各项中，属于不得收购上市公司的情形有（　　）。

A．收购人负有数额较大债务，到期未清偿，且处于持续状态

B．收购人最近3年涉嫌有重大违法行为

C．收购人最近3年有严重的证券市场失信行为

D．收购人为限制行为能力人

3. 根据证券法律制度的规定，在特定情形下，如无相反证据，投资者将会被视为一致行动人，下列各项中，属于该特定情形的有（　　）。

A．投资者之间存在股权控制关系

B．投资者之间为同学、战友关系

C．投资者之间存在合伙关系

D．投资者之间存在联营关系

4. 甲公司拟收购乙上市公司。根据证券法律制度的规定，下列投资者中，如无相反证据，属于甲公司一致行动人的有（　　）。

A．由甲公司的监事担任董事的丙公司

B．持有乙公司1%股份且为甲公司董事之弟的张某

C．持有甲公司20%股份且持有乙公司3%股份的王某

D．在甲公司中担任董事会秘书且持有乙公司2%股份的李某

二、实训项目：上市公司要约收购的运作及案例评析

1. 实训准备

（1）提供上市公司要约收购真实案例及案件相关法律文书。

（2）提出案件所设的试题。

（3）推荐参考书目。

2. 实训目的

通过实训真实展现上市公司要约收购的运作程序和法律要求，使学生直观感受并了解上市公司要约收购中的慢走规则等特殊制度，明确要约收购中各方主体的具体权利和义务。

3. 实训内容及要求

（1）将学生分为4个小组，分别模拟上市公司要约收购中的不同主体。

（2）由第1小组模拟收购方提出收购要约，并模拟提供有关书面文件。

（3）由第2小组模拟被收购方对收购要约做出反应。

（4）由第3小组模拟普通投资者对收购要约做出反应。

（5）由第4小组模拟证监会对要约收购中各方的不规范行为做出相关决定。

（6）各小组分别评议并写出书面评议报告。

（7）教师审阅评议报告并作总结。

微语录

项目七
证券投资基金

学习目标

- 掌握证券投资基金的设立条件
- 掌握证券投资基金的募集、交易方式
- 了解证券投资基金运作的范围
- 掌握证券投资基金的终止、清算及其监管措施

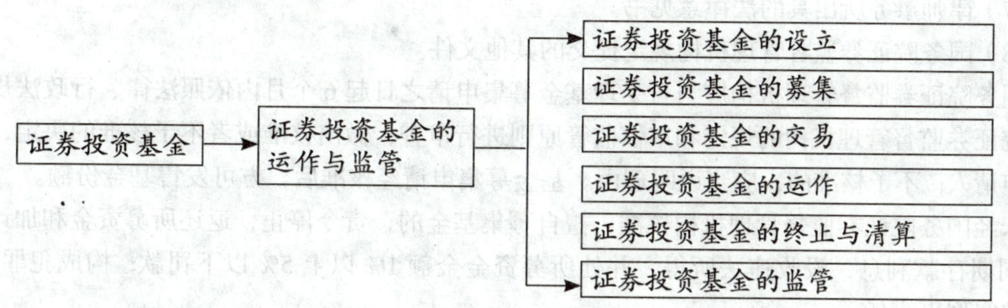

任务　证券投资基金的运作与监管

一、证券投资基金的设立

设立证券投资基金应按照法定程序设立。我国证券投资基金的设立，必须经证券监管机构核准。设立证券投资基金，通常需要以下三个步骤：确定基金类型；向监管机关提交申请；发表基金招募说明书，准备发行基金证券。

（一）确定基金类型

基金合同应当约定基金运作方式。基金运作方式可以采用封闭式、开放式或者其他方式。

（二）向监管机构提交申请

基金管理人依照《证券投资基金法》发售基金份额、募集基金，应当向国务院证券监督管理机构提交下列文件，并经国务院证券监督管理机构核准。

（1）申请报告。

（2）基金合同草案。

（3）基金托管协议草案。

（4）招募说明书草案。

（5）基金管理人和基金托管人的资格证明文件。

（6）经会计师事务所审计的基金管理人和基金托管人最近 3 年或者成立以来的财务会计报告。

（7）律师事务所出具的法律意见书。

（8）国务院证券监督管理机构规定提交的其他文件。

国务院证券监督管理机构应当自受理基金募集申请之日起 6 个月内依照法律、行政法规及国务院证券监督管理机构的规定和审慎监管原则进行审查，做出核准或者不予核准的决定，并通知申请人；不予核准的，应当说明理由。基金募集申请经核准后，方可发售基金份额。

未经国务院证券监督管理机构核准，擅自募集基金的，责令停止，返还所募资金和加计的银行同期存款利息，没收违法所得，并处所募资金金额 1% 以上 5% 以下罚款；构成犯罪的，依法追究刑事责任。

（三）发表基金招募说明书，准备发行基金证券

招募说明书又称公开说明书，是基金在设立募集时，基金发起人公布的用于披露所有对投资者做出投资决策有重大影响的信息的法律文件。招募说明书是基金最重要、最基本的信息披露文件，有助于投资人充分了解基金的性质、内容、投资策略及投资收益等。

基金招募说明书应当包括下列内容。

（1）基金募集申请的核准文件名称和核准日期。

（2）基金管理人、基金托管人的基本情况。

（3）基金合同和基金托管协议的内容摘要。

（4）基金份额的发售日期、价格、费用和期限。

（5）基金份额的发售方式、发售机构及登记机构名称。

（6）出具法律意见书的律师事务所和审计基金财产的会计师事务所的名称和住所。

（7）基金管理人、基金托管人报酬及其他有关费用的提取、支付方式与比例。

（8）风险警示内容。

（9）国务院证券监督管理机构规定的其他内容。

招募说明书的有效期自签署之日起至基金成立之日止，但最长不得超过6个月。

二、证券投资基金的募集

（一）基金发行

1. 基金的发行方式

基金的发行方式可以分为两种：私募发行和公开发行。私募发行是指基金受益凭证只能由特定的投资者认购，而不向全社会公众公开发售。公开发行则是指基金受益凭证向全社会公众公开发售，由投资者自由认购。一般投资基金的发行多采取公开发行的方式。

基金发行方式也可按发行渠道不同划分为以下几种。

（1）直接销售。这是最简单的发行方式，基金的股份按净资产值出售，一般不收取销售费用。

（2）包销。基金大部分通过经纪人包销发行。经纪人相当于批发商，他们先按基金单位净资产值购买基金的股份，再以公开销售价格卖给投资者。

（3）销售集团方式。在基金总规模很大时，可由包销人牵头组成一个或数个销售集团，而每个销售集团又由一定数量的经纪人组成，各个经纪人分别代理包销人销售基金的一部分。

（4）由银行参与基金的分销业务，利用银行较高的信誉和广泛的客户基础来推销基金。

基金份额的发售由基金管理人负责办理；基金管理人可以委托经国务院证券监督管理机构认定的其他机构代为办理。基金管理人应当在基金份额发售的3日前公布招募说明书、基金合同及其他有关文件。前款规定的文件应当真实、准确、完整。

2. 投资基金的发行价格

基金发行价格是指基金受益凭证在发行市场出售的价格。基金受益凭证的发行与债券发行相似，一般按面值发行。股票发行可以按公司的盈利状况及每股税后利润来确定发行价格，一般为溢价发行。而基金受益凭证不能溢价发行，其发行价格通常是按基金单位金额和发行手续费来确定：

$$发行价格=基金单位金额+发行手续费$$

$$发行手续费=基金单位金额\times发行手续费率$$

其中，手续费是在采取非直接销售的发行方式时，支付给承销机构的费用，其高低依据发行总金额、发行者的信誉、基金种类的不同而变化。

（二）基金认购

基金认购是指在基金募集期内，投资者按照基金证券发行公告或规定，向基金管理公司购买已批准发行的基金份额的行为。

基金募集期限届满，封闭式基金募集的基金份额总额达到核准规模的80%以上，开放式基金募集的基金份额总额超过核准的最低募集份额总额，并且基金份额持有人人数符合国务院证券监督管理机构规定的，基金管理人应当自募集期限届满之日起10日内聘请法定验资机构验资，自收到验资报告之日起10日内，向国务院证券监督管理机构提交验资报告，办理基金备案手续，并予以公告。

基金募集期间募集的资金应当存入专门账户，在基金募集行为结束前，任何人不得动用。

基金募集期限届满，不能满足我国《证券投资基金法》第四十四条规定的条件的，基金管理人应当承担下列责任。

（1）以其固有财产承担因募集行为而产生的债务和费用。

（2）在基金募集期限届满后30日内返还投资人已缴纳的款项，并加计银行同期存款利息。

三、证券投资基金的交易

（一）证券投资基金交易的概念

基金交易指基金发行以后，在市场上进行的买卖基金的活动。开放式基金一般每个交易日都允许投资者向基金公司赎回其基金单位。封闭式基金只能到证券交易所挂牌交易。

（二）基金交易的方式

1. 封闭式基金的上市交易

封闭式基金在首次发行结束后就封闭起来。投资者在基金存续期内不能将持有的基金受益凭证卖回给基金公司，而只能在上市后竞价买卖。其交易方式与债券、股票有着相同之处，但也具有自己的特点。

封闭式基金的基金份额，经基金管理人申请，国务院证券监督管理机构核准，可以在证券交易所上市交易。封闭式基金的基金份额上市交易规则由证券交易所制定，报国务院证券监督管理机构核准。制定基金份额上市及交易规则是证券交易所明确基金份额上市及交易程序，规范基金份额交易行为，加强自律监管所必需的措施。

基金份额上市交易，应当符合下列条件：①基金的募集符合《证券投资基金法》规定；②基金合同期限为5年以上；③基金募集金额不低于2亿元人民币；④基金份额持有人不少于1000人；⑤基金份额上市交易规则规定的其他条件。

基金份额上市交易后，有下列情形之一的，由证券交易所终止其上市交易，并报国务院证券监督管理机构备案：①不再具备我国《证券投资基金法》第四十八条规定的上市交易条件；②基金合同期限届满；③基金份额持有人大会决定提前终止上市交易；④基金合同约定的或者基金份额上市交易规则规定的终止上市交易的其他情形。

2. 开放式基金的交易

开放式基金的交易实际上是在投资者和基金管理公司之间进行的。所以投资者转让开放式基金的受益凭证，只需在基金首次发行结束的3个月后，在开设的专门柜台，随时申购或赎回该基金。

（三）基金交易的价格

封闭式基金的单位买卖价格以基金的净资产为基础，但主要由市场供求来确定。由于封闭式基金发行的单位数是固定的，而市场需求却不断变化，因此封闭式基金单位在交易过程中经常出现溢价和折价现象。

开放式基金的单位价格则不是随行就市的，它一般是每天报价，并且每天只有一个买入价和卖出价。基金单位的买入价，即赎回价，不受市场供求关系的影响，不会出现溢价或折价现象。一般买入价即为基金单位所代表的资产净值扣除赎回费后的价格，卖出价则为基金单位净资产值加上交易费用。

（四）基金交易的程序

封闭式基金发行募集成功后1个月，基金管理人即可依法向有关证券交易所提出上市申请，经批准后即可在交易所挂牌交易。

开放式基金一般在成立 3 个月后，基金管理人会自行或委托证券公司开设专门的柜台用以进行基金单位的转让。

开放式基金的基金单位的认购与赎回价格，直接依据基金净资产价格计价。

基金净资产价值是衡量一只基金经营好坏的主要指标，也是形成基金单位买卖的基本依据。根据有关规定，基金管理人每个交易日至少须向投资者计算并公布一次基金净资产值。

（五）基金交易的场所

基金交易的场所又称为基金市场，它是资本市场的重要组成部分之一。不同类型的基金其交易场所也各不相同。

（1）封闭式基金的交易场所。封闭式基金的交易场所可能是全国性证券交易所，也可能是区域性证券交易中心。

（2）开放式基金的交易场所。开放式基金不能像封闭型基金那样上市交易，所以其交易不是在证券交易所和证券交易中心指定的场所进行，而是在各基金管理公司专门开设的柜台前进行。

四、证券投资基金的运作

（一）基金的投资范围及其限制

根据我国《证券投资基金法》第五十八条的规定，"基金财产应当用于下列投资：①上市交易的股票、债券；②国务院证券监督管理机构规定的其他证券品种"。

运用基金财产进行证券投资，除应当以资产组合方式进行外，还需要遵守对投资于某一证券的比例限制，以分散投资风险，保障基金财产的安全和流动性，并避免因基金财产投资过分集中于某一证券而影响该证券交易价格的公正性。一些国家和地区大多在其法律中对基金财产投资所应遵守的比例限制作具体规定。比如，日本规定，基金财产购买某发行人发行的有价证券不得超过其发行总额的 10%。韩国规定，基金管理公司不得将超过基金财产总价值的 10% 的基金财产投资于同一有价证券，购买某一发行人发行的有价证券不得超过其发行总额的 20%。我国香港地区规定，基金财产持有任何一个发行人发行的证券，不得超过基金资产净值的 10%；持有的任何一个发行人发行的每一类别的证券不得超过该类别的证券的发行总额的 10%；持有的其他基金单位或股份，不得超过该基金资产净值的 10%；持有的非上市证券，不得超过该基金资产净值的 15%；持有同一种的公共证券（主要是指经合组织成员国政府发行的政府债券）不得超过该基金资产净值的 30%；投资于买入期权，以行使价（期权合约规定的期权到期时的执行价格）计算，不得超过该基金资产净值的 25%；投资于期货合约的投资总值不得超过该基金资产净值的 20%。我国台湾地区规定，基金财产投资于任一上市公司股票的总金额，不得超过该基金净资产价值的 10%；投资于任一上市公司股票的股份总额，不得超过该公司已发行股份总额的 10%。

根据《证券投资基金管理暂行办法》第三十三条的规定，基金的投资组合应当符合下列规定。

（1）一个基金投资于股票、债券的比例，不得低于该基金资产总值的 80%。

（2）一个基金持有一家上市公司的股票，不得超过该基金资产净值的 10%。

（3）同一基金管理人管理的全部基金持有一家公司发行的证券，不得超过该证券的 10%。

（4）一个基金投资于国家债券的比例，不得低于该基金资产净值的 20%。

（5）国务院证券监督管理机构规定的其他比例限制。

为了避免基金管理人谋求私利，滥用管理权，损害基金持有人的合法权益，我国《证券投资基金法》第五十九条做了如下禁止性规定，基金财产不得用于下列投资或者活动。

（1）承销证券。

（2）向他人贷款或者提供担保。

（3）从事承担无限责任的投资。

（4）买卖其他基金份额，但是国务院另有规定的除外。

（5）向其基金管理人、基金托管人出资或者买卖其基金管理人、基金托管人发行的股票或者债券。

（6）买卖与其基金管理人、基金托管人有控股关系的股东或者与其基金管理人、基金托管人有其他重大利害关系的公司发行的证券或者承销期内承销的证券。

（7）从事内幕交易、操纵证券交易价格及其他不正当的证券交易活动。

（8）依照法律、行政法规有关规定，由国务院证券监督管理机构规定禁止的其他活动。

（二）基金投资活动中的信息披露

在基金投资活动中，为加强对证券投资基金信息披露的管理，保护基金投资人的合法权益和社会公共利益，我国《证券投资基金法》第六十条明确规定，“基金管理人、基金托管人和其他基金信息披露义务人应当依法披露基金信息，并保证所披露信息的真实性、准确性和完整性。”这是基金信息披露义务人必须遵守的法律规范。

依照我国《证券投资基金法》第六十二条的规定，基金信息披露义务人应当依法公开披露的基金信息包括以下几项。

（1）基金招募说明书、基金合同、基金托管协议。

（2）基金募集情况。

（3）基金份额上市交易公告书。

（4）基金资产净值、基金份额净值。

（5）基金份额申购、赎回价格。

（6）基金财产的资产组合季度报告、财务会计报告及中期和年度基金报告。

（7）临时报告。

（8）基金份额持有人大会决议。

（9）基金管理人、基金托管人的专门基金托管部门的重大人事变动。

（10）涉及基金管理人、基金财产、基金托管业务的诉讼。

（11）依照法律、行政法规有关规定，由国务院证券监督管理机构规定应予披露的其他信息。

上列各项基金信息是基金投资人进行投资决策的重要依据，法律要求基金信息披露义务人保证所披露的基金信息应当是真实、准确和完整的。我国《证券投资基金法》第六十三条规定：“对公开披露的基金信息出具审计报告或者法律意见书的会计师事务所、律师事务所，应当保证其所出具文件内容的真实性、准确性和完整性。”

真实性是指基金信息的内容必须反映实际情况，不得弄虚作假；准确性是指基金信息应当按照规定的格式制作，对有关情况所作的陈述和提供的数据与实际情况应当符合，不得有误导性陈述；完整性是指基金信息披露的各项文件应当齐全，符合法定要求，内容应当完整，不得有遗漏。

我国《证券投资基金法》第六十四条规定：“公开披露基金信息，不得有下列行为：①虚假记载、误导性陈述或者重大遗漏；②对证券投资业绩进行预测；③违规承诺收益或者承担损失；④诋毁其他基金管理人、基金托管人或者基金份额发售机构；⑤依照法律、行政法规有关规定，由国务院证券监督管理机构规定禁止的其他行为。”

在证券市场上，每只基金的未来收益都具有不确定性，投资人在收益、风险方面的偏好也有所不同。寻求各种投资品种和获利机会的投资人，都需要通过公开披露的各种有关基金的信息，特别是基金招募说明书、基金合同、基金托管协议、基金资产净值、基金份额净值、基金财产的资产组合季度报告、财务会计报告及中期和年度基金报告以及证券市场上提供的其他基金信息数据等，进行分析预测，才能做出交易、申购或者赎回基金份额的决定，所以了解可能影响基金份额价格的各种信息，是投资人做出正确选择的前提。基金信息披露义务人只有公布真实、准确和完整的信息，才能有助于投资人了解基金真实情况，做出正确选择；而散布虚假信息，进行信息误导则会使投资人做出错误的判断，利益受到损失，甚至会影响到社会的稳定。因此，基金信息披露义务人必须依法披露基金信息，并保证所披露信息的真实性、准确性和完整性，否则要承担相应的法律责任。具体来讲，依照我国《证券投资基金法》第一百三十二条的规定：“基金信息披露义务人不依法披露基金信息或者披露的信息有虚假记载、误导性陈述或者重大遗漏的，责令改正，没收违法所得，并处10万元以上一百万元以下罚款；对直接负责的主管人员和其他直接责任人员给予警告，暂停或者取消基金从业资格，并处3万元以上30万元以下罚款。”

（三）基金的收益、费用与分配

1. 基金的收益

由于投资基金采取的投资策略和投资目标的不同，故取得收益的来源和方式也不同，主要有以下四类。

（1）资本增值。基金管理人操作基金的营运过程中，由于所投资证券的增值且不断取得投资收益，基金的总资产和净资产值就会不断增加。投资者所持基金单位的净资产值比投资时的净资产值有一定程度的增加，这部分增加额就是基金的资本增值。

（2）资本利得。基金投资证券可以根据“买低卖高”的原则操作，在最有利的时机脱手，赚取价差，这就是资本利得。

（3）股利收入。上市公司视营运情况，会定期发放股利给股东。证券投资基金投资于股票，是其股东，自然可以分配到股利。

（4）利息收入。基金一定会保留一定比例的现款，以备投资者赎回基金股份时付现。我国台湾的基金一般必须保留5%的现金。这些现款存在银行或其他金融机构，故取得利息收入。

2. 基金的费用

投资基金在运作过程中必须支付一些费用，这些为管理基金而必须支出的费用就是基金的费用。一般来说，基金费用包括三类：一是在基金的设立、销售和赎回时发生的费用，该部分费用由投资者直接承担；二是基金在运作过程中的管理费用；三是基金在买卖证券时的交易费用。这三类费用都由基金支付。具体讲，基金费用主要包括以下内容。

（1）期初费用（发行费、首次认购费）。

期初费用指投资者在购买基金时支付的认购手续费。它一般附加在基金认购价上，这种费用须向投资人收取，主要用于基金的广告费、中间人的佣金及发行时的其他费用支出。其费率的高低取决于基金的类别。

在开放型基金中，投资者购买基金份额时一次性收取发行费，在投资者持有份额期间不再收取此项费用。但如果投资者将持有的基金份额卖出后又重新购买时，有的基金还需支付发行费。

根据香港投资基金公会的有关资料统计，香港投资基金市场的发行费率为：货币市场0% ~ 2%，债券市场3% ~ 5%，股票市场5% ~ 7%。

目前，国内封闭式证券投资基金的发行费均为1%。投资开放式基金时，收取认购或申购费。我国股票型、配置型基金的认购、申购费率在1% ~ 1.5%，债券型基金的认购、申购费率在1%以下，货币型基金一般不收认购、申购费。

（2）管理费。

管理费指管理公司提供专业化管理服务而每年从基金资产中提取的管理费。它是基金公司的主要收入来源。管理费的提取通常按基金资产净值的一定比例每月月末提取。管理费费率的高低因基金类别的不同而有所差别，不同地区或基金业发展程度不同也导致其高低不一。风险程度越高的基金其管理费费率也越高，其中年费率最高的基金为证券衍生工具基金，如认股权证基金的年费用高达2.5%；最低的要算货币市场基金，其年费率仅为0.25%。香港投资基金公会公布的其他几种基金的管理年费率为：债券基金0.5% ~ 1.5%，股票基金1% ~ 2%。在基金业发达的国家或地区，基金的管理年费率通常为1%，但在一些发展中国家或地区则略高于1%。在我国，基金业尚刚起步，管理费年费率为1.25 % ~ 2.5 %。

（3）托管费。

托管费指托管人为基金（或基金公司）提供托管服务而向基金（或基金公司）收取的费用。它是按基金资产净值的一定比例每月月末提取。基金管理公司视基金投资目标和管理的难易程度不同按基金资产净值0.3% ~ 1.5%的年费率收取管理费。一般而言，收益和风险较高的品种，管理难度也较大，如股票型基金，管理费较高；而收益和风险较低的品种，如货币市场基金，管理费较低。同时，托管机构按基金资产净值0.25%的年费率收取托管费。

（4）证券交易费。

证券交易费指基金经理人为基金买卖证券时支付给经纪人的佣金等费用。交易越频繁，费用就越高。投资封闭式基金时按照成交额的0.25%交纳交易佣金，不足5元按5元收取，同时按照成交额的0.05%收取登记过户费。

（5）赎回费。

赎回费指投资者赎回基金份额时按赎回金额的一定比率向投资者收取的费用。它仅对开放型基金而言，而且没有特定的标准，越复杂的投资工具，收取的费率会越高，但也有某些基金甚至没有赎回费，如货币基金等。赎回时，股票型、配置型基金的赎回费率则以0.5%居多，债券型基金的赎回费率多在0.3%以下，货币型基金不收费。

（6）其他费用。

其他费用包括基金上市费用、基金信息披露费费用、基金持有人大会费用、会计师费和律师费、验资服务费、业绩报酬等。

（7）税收。

各个国家和地区根据其鼓励基金发展的程度不同，税收标准也不尽相同。但一般来说，基金投资的税赋比股票投资要低。

3. 基金的分配

基金分配通常有两种方式：一是分配现金，这是最普遍的分配方式，我国《证券投资基金管理暂行办法》第三十八条规定，“基金收益分配应当采用现金形式”；二是分配基金单位，即将应分配的净收益折为等额的新的基金份额送给受益人。

根据我国《证券投资基金运作管理办法》这一规章第三十五条、第三十六条及其他法规的规定，基金收益分配原则有以下几点。

（1）封闭式基金的收益分配，每年不得少于一次，封闭式基金年度收益分配比例不得低于基金年度已实现收益的90%。开放式基金的基金合同应当约定每年基金收益分配的最多次数和基金收益分配的最低比例。

（2）基金收益分配应当采用现金方式。开放式基金的基金份额持有人可以事先选择将所获分配的现金收益，按照基金合同有关基金份额申购的约定转为基金份额；基金份额持有人事先未做出选择的，基金管理人应当支付现金。

（3）基金当年收益应先弥补上一年度亏损后，才可进行当年收益分配。

（4）基金投资亏损，或者基金当年虽有收益但基金份额净值低于面值，则不进行收益分配。

（5）基金收益分配后基金份额净值不能低于面值。

（6）每份基金份额享有同等分配权。

五、证券投资基金的终止与清算

1. 证券投资基金的终止

证券投资基金的终止是指基金在符合一定条件之后，基金有关当事人依据有关法律和基金合同的规定，办理基金的清算事宜，了结有关当事人的债权债务关系和基金证券持有人的资产分配事宜，以终止基金的运作。

根据我国《证券投资基金法》第八十一条的规定，“有下列情形之一的，基金合同终止：①基金合同期限届满而未延期的；②基金份额持有人大会决定终止的；③基金管理人、基金托管人职责终止，在6个月内没有新基金管理人、新基金托管人承接的；④基金合同约定的其他情形。”

2. 证券投资基金的清算

根据我国《证券投资基金法》第八十二条、第八十三条的规定，基金合同终止时，基金管理人应当组织清算组对基金财产进行清算。清算组由基金管理人、基金托管人以及相关的中介服务机构组成。清算组做出的清算报告经会计师事务所审计，律师事务所出具法律意见书后，报国务院证券监督管理机构备案并公告。清算后的剩余基金财产，应当按照基金份额持有人所持份额比例进行分配。

六、证券投资基金的监管

由于基金这一投资工具的大众性，世界各国对证券投资基金都采取相对严格的监管措施，建立行之有效的监管体系，我国也不例外。基金管理部门主要通过法律、经济、行政手段对基金进行监管。为规范证券投资基金运作，促使基金市场的公平竞争，维护基金投资人利益，确保基金业的持续、健康、有序发展，中国证券监督管理委员会作为行业主管机关会同中国人民银行，对证券投资基金实施严格的监管。

1. 证券投资基金监管的概念

证券投资基金监管是指法定的国家机关对基金的发起成立、运作和管理以及相关的业务活动进行的检查、监督和管理行为。

2. 证券投资基金监管的目标

证券投资基金监管的目标是维护社会公众特别是基金投资者的利益；保证基金市场的公平、效率和透明；降低系统性风险；推动基金业的持续、健康、有序发展。

3. 基金监管的原则

（1）依法监管原则。一切金融监管行为都必须合法进行，基金监管也不能例外。

（2）“三公”原则。即公开、公平、公正三原则。

（3）监管与自律并重原则。

（4）监管的连续性和有效性原则。

4. 证券监管机构的职责

根据我国《证券投资基金法》第十一条的规定，“国务院证券监督管理机构依法对证券投资基金活动实施监督管理。”即中国证券监督管理委员会为法定监管机关。

根据我国《证券投资基金法》第十三条的规定，国务院证券监督管理机构依法履行下列职责：①依法制定有关证券投资基金活动监督管理的规章、规则，并依法行使审批或者核准权；②办理基金备案；③对基金管理人、基金托管人及其他机构从事证券投资基金活动进行监督管理，对违法行为进行查处，并予以公告；④制定基金从业人员的资格标准和行为准则，并监督实施；⑤监督检查基金信息的披露情况；⑥指导和监督基金同业协会的活动；⑦法律、行政法规规定的其他职责。

5. 证券监管机构的措施

根据我国《证券投资基金法》第一百一十四条的规定，国务院证券监督管理机构依法履行职责，有权采取下列措施。

（1）进入涉嫌违法行为发生场所调查取证。

（2）询问当事人和与被调查事件有关的单位和个人，要求其对与被调查事件有关的事项做出说明。

（3）查阅、复制当事人和与被调查事件有关的单位和个人的证券交易记录、登记过户记录、财务会计资料及其他相关文件和资料，对可能被转移或者隐匿的文件有资料予以封存。

（4）查询当事人和与被调查事件有关的单位和个人的资金账户、证券账户或者基金账户，对有证据证明有转移或者隐匿违法资金、证券迹象的，可以申请司法机关予以冻结。

（5）法律、行政法规规定的其他措施。

闯关考验

1. 某封闭式基金经管理人申请，国务院证券监督管理机构核准，拟在证券交易所上市交易。根据《证券投资基金法》的规定，下列各项中，符合该基金上市条件的有（　　）。

A．基金募集期限届满，该基金募集的基金份额总额达到了核准规模的 85%

B．该基金持有人为 1001 人

C．该基金募集金额为人民币 3 亿元

D．该基金合同期限为 12 年

2. 根据《证券投资基金法》的规定，申请上市的封闭式基金应具备的条件有（　　）。

A．基金合同期限为 5 年以上

B．基金持有人不少于 1000 人

C．基金募集金额不低于 2 亿元

D．基金募集期限届满，募集的基金份额总额达到核准规模的 80% 以上

3. 根据证券法律制度的规定，下列有关证券投资基金发行和交易的表述中，正确的是（　　）。

A．封闭式基金的基金份额可以在证券交易所交易，但基金份额持有人不得申请赎回

B．开放式基金可以在销售机构的营业场所销售及赎回，也可以上市交易

C．申请上市基金的基金持有人不得少于 500 人

D．基金上市后发生基金合同期限届满的情形将暂停上市

4. 根据证券投资基金法律制度的规定，下列选项中，属于开放式证券投资基金的基金份额持有人享有的权利有（　　）。

A．分享基金财产收益

B．参与基金财产的投资决策

C．参与分配清算后的剩余基金财产

D．申请赎回其持有的基金份额

微语录